社長の最後の仕事 100年続く承継と継承

会社の未来につなぐべき経営のすべて

進和建設工業㈱代表取締役
西田芳明

現代書林

まえがき

「借入れはしてはいけない。手形を切ってはいけない。保証人になってはいけない」

これは35歳で私が社長に就任したときに、創業者である父から言い渡された言葉です。当時の私は非常に困惑しました。あの日以来、借入れも手形も封じられてしまって、会社の経営ができるのかと不安でたまりませんでした。しかし、無我夢中で仕事に取り組み続け、経営者となって30年以上が経過しています。おかげさまで、私が引き継いだ後、『進和建設工業株式会社』は無借金経営を続けることができています。

父の言葉の真の意味を理解できたのは、ずいぶん時間が経ってからでした。

社長は孤独です。同時に、権限を最大に使えば、会社内で好きに振る舞える立場でもあります。だからこそ、経営に関するルールを決めなければ、社長は誤ちを犯すのです。会社経営には「原理原則」が必要なのです。

進和建設工業株式会社は、父の西田貞雄が１９６８（昭和43）年に創業しました。賃貸マンションおよび住宅の設計・施工、不動産コンサルタント・管理の事業を手がけています。

父は私に経営の原理原則の一端を示してくれました。しかし、私が社長になったとき、それ以外の指針は何もありませんでした。自分で勉強し、考え、人にヒントをもらい、時には痛い目に遭いながらも、経営の原理原則を身につけていったのです。


現在または将来、経営に携わる他の会社の社長も、たぶん同じ状況ではないでしょうか。

経営者には、会社や事業をこうしたいという念《おも》いが必要です。そうした自分の念いの世界があるものだから、気持ちだけが先行してしまい、なぜ現実が追いつかないのかと歯噛みする日々もあります。

でも、念いだけで経営は成り立ちません。

月に1回お会いする会社の会長が嘆いていました。創業者であるその方は、息子がいないため、娘婿に事業を継がせたそうです。その際、二代目社長がやりやすいようにと、自分は代表権を下りました。すると、実権を握った社長は、会社の経営を好き放題にやりはじめたのです。

会長はしみじみと「創業からここまで、会社を大きくするのには大変な時期がありました。思い詰めて、線路の上に寝たことだってあります」と語ります。そういうエピソードを後継者は知らないのでしょう。

今の経営者の念いは尊重されるべきですが、会社の歴史も大事なのです。歴史が社風をつくって、現在がある。実際、100年続いている会社を見ていると、理念やビジョンが社長以下で共有され、共感されています。それは歴史からつくられた社風なのです。そういう社風がキッチリとでき上がっている会社は強いし、伸びていくものです。

その意味で、事業承継は次世代にしっかり伝えなければなりません。同時に、それぞれの後継者は能力も個性も違うので、先代とまったく同じ形では伝わらないでしょう。

それでも原理原則だけは知ってもらいたい。

私の場合はこうしてやってきたとか、こんな場面で失敗したとか、先代の経験やノウハウを教えることは必要です。もちろん、頭ではわかっても、すぐには行動に表れない。でも、いつか彼らが失敗したときに、必ず参考になるはずです。

迷ったときの判断基準であり、考えるときの物差しになってくる原理原則があってこそ良い経営につながっていくのです。

経営者になった瞬間から、会社を維持発展させる責務が生じます。若き経営者の皆さんに、私が経験し、獲得し、実証した「経営の原理原則」を紹介したいと考え、本書にまとめました。

あなたの経営の道に役立てたなら、この上ない喜びです。

目次

第2章 社長の事業

第3章 社長の経営

第4章 社長のOS（頭の中）

終章 私が考える社長の人格

序　章

私が考える事業承継・事業継承

父への念い

35歳で社長になった私は、父からの「借入れはしない。手形は切らない。保証人にならない」の申し渡しを守ると同時に、自分自身で誓いも立てました。

それは「赤字が2年間続いたら、社長を辞める」という誓いです。

自分が経営者としてふさわしくないと思ったら、潔く身を引く覚悟でした。だから、社員の皆さんのやる気がなくなったら、辞めるつもりでしたし、お客様から「社長、辞めろ」と言われたら、素直に従おうとも思っていました。社長に就任したときに、そこまで自分を追い詰めたからこそ、今も職場の環境を良くしようと思っているし、お客様とのつながりも大事にしています。

私利私欲ではなく、会社を良くするため、社員の皆さんに喜んでもらうためと思って取り組んでいれば、結果として、徐々に良い方向に進んでいくのだと思います。

やはり、会社はまず社長だと思います。トップである社長の全体をまとめる力と人を引っ張る力が大きい。マネジメントとリーダーシップに力を発揮していなければ、会社全体が根本的にうまくいかなくなってしまいます。

その意味で、社長は魅力のある人間であってほしい。苦言を呈すようですが、今の若手経営者は危機感がなさすぎます。それと、ロマンも足りない。トップにロマンがなければ、社員も取引先も、お客様も現実しか見えない。それは寂しいし、夢がありません。

私の中で、父である先代社長の影響は大きいです。父は豪快で、親分肌で、少々損しても揺るがなかった。最初の会社である『西田組』は従業員が10名ほどの小さな建設会社でしたが、経営は順調で、子どもの私も贅沢な暮らしをさせてもらっていました。

ところが、そんな天国から一気に地獄に突き落とされたのは、私が中学生のときです。大きな工事の代金の未払いが発生し、一気に経営が苦しくなりました。状況は悪化の一途を辿り、結局は倒産の憂き目です。自宅は差し押さえられ、家族もバラバラに住まなければならないほどです。借金の取り立てに、コワモテの男たちが何人も訪ねてきました。

そんなある日、部屋の片隅で、背中を丸めて座っていた父親の後ろ姿が私には忘れられません。あんなに豪快で、物事に動じなかった人が、肩を落として、ポツンと……。

でも、自分も社長になった今なら、父は自分で何とかしようと踏ん張っていたんだとあらためて敬服します。同じ立場になってみて、どれほど苦しいイバラの道を選んだのかが、心の底からわかるのです。

今の世の中の感覚なら、会社が立ち行かなくなっても、従業員に説明してバイバイで終わりでしょう。あっさりと「力不足で申し訳ありません」と泣きながら頭を下げて、会社を売るなり、たたむなりして事務的に処理して終了です。

でも、父は逃げずに、倒産に真っ向から挑んだのです。

実は、当時の私は父と親子の関係があまり良くありませんでした。決して褒められない態度を取ったこともあります。

でも、倒産したことをきっかけに、私が事業を継ごうと思いました。何とかしようとガムシャラに頑張っている親父を見て、胸を打つものがあったのです。

資金繰りが苦しくなると、後継者がいないという理由ですぐにM&Aを選ぶ社長は、経営者としての責任を放棄しているんでしょう。泥にまみれて努力をせずに、最後は我が手に資産が残る道を探す。他社に売れれば、社員の生活はどうあれ、自分の老後は安泰だと逃げているように見えます。

自分の念いを持って育ててきた会社であれば、簡単に手放すことはしないはずです。

今の私だってつらいことはいっぱいありますが、父や35歳で誓いを立てた自分に恥ずかしい姿は見せたくありません。社員にも、取引先にもお客様にも今までお世話になってきて、自分の都合だけでものを考えてはいけないと強く思っています。そういう念いがあるのとないのとでは、経営者として伝えられるものが違うはずです。

息子への念い

私の息子は現在、進和建設工業株式会社で取締役専務をしています。

私は彼に、父親から言われたのと同じことを言いました。

「半端な気持ちで経営をしてほしくない。おまえが会社を継ぐ気がないなら、俺の代で店仕舞いにする。それでも、おまえは一生食うことはできる。カネを取るのか、生きがいを取るのか、どっちだ。決めろ」

本来、生活のため、食っていくためにやるなんて意識では、社長を引き受けてはいけないのです。大勢の人間の生活が、いや人生がかかっているからです。もし経営判断を誤れば、取り返しがつきません。

専務の返事は「やります」でした。

重ねて私は「事業が立ちいかなくなったときに、自分の家を売っても会社を守る覚悟はあるのか」と尋ねました。

同じく専務は「あります」と答えたのです。

そこで、私も腹をくくって、社長として蓄積してきた経験や物事の捉え方を専務に伝えていくことに決めました。

事業承継がうまくいかない会社は、父がトップの間に息子を経営者として育てていないことが原因です。社長にしてから、いろいろ教えるのでは遅いでしょう。私は自分が構築・整備してきた企業経営に関するシステムの成り立ちや、その背景にある考え方など、経営者に求められるありとあらゆることを専務に伝えなければなりません。

そのために、定期的に「事業承継合宿」を実施しました。

とはいえ、私と専務の2人だけで差し向かいで話すのも少し照れくさい。そこで、もう1人加わってもらうことにしました。以前から専務がお世話になっている株式会社プロアライブの企業コンサルタント・石川大雅先生です。

3人だけの合宿は3ヶ月に1度ぐらいのペースで、1泊2日で行われました。場所は各地の温泉宿が多かったです。かれこれ3年近く続きました。

毎回、語り合うテーマを決めます。私が出したり、石川先生や専務が考えたりして、そのテーマについて、専務や石川先生から私が質問を受け、それに答えるというスタイルです。1泊まりとなる1日目は、昼の1時から深夜1時や2時といった時間までセッションが続くことも珍しくありませんでした。

翌日は朝食を済ませた8時か9時頃からお昼までです。

話し合いを促進してくれるファシリテーターがいてくれたので、私は話しやすかったし、専務もずいぶん勉強になったようです。私自身も今までの考えをより鮮明に引き出してもらい、自分の頭の整理ができました。

私のノウハウや経験は伝えますが、本音は会社を潰さず、社員の皆さんを幸せにしてくれるなら、後継者は自由に経営してくれて構わないと思っています。

ただ「守・破・離」についてはよく言っています。

私も先代社長の下で働いていた20代は、言われた通りにやっていました。30代になって、少しずつ自分らしさを加えたのです。思い切り自分のやりたいことをやったのは、40代になってからです。

社長になっても最初の2年間は父と同じやり方を続けました。先代はその手法でずっと会社を維持してきたわけで、私は新米の経営者でしたから当然です。

上に立った途端に、今までとガラッと変える社長がいますが、あまりうまくいったケースを聞きません。上司が替わった直後に、「前の上司はおかしかったから、俺はこのやり方に変えるよ」と変革すると、部下はついてこれなくなります。やっぱり社風を無視すると難しいし、上司としての実績も出さずにやり方を変えるのは説得力がありません。

私は将来、進和建設を経営者意識を持った人たちの集合体にしたいと思っています。人は責任と覚悟を持つことによって成長するからです。その考えを外にもつなげて、いろんな会社の見本になりたいと思っています。

本書では、3年間の事業承継合宿で語った内容を余すところなく紹介していきます。

第1章

社長の世界観

1 社長としての自覚・姿勢

「会社を潰さないこと」
「社員を幸せにすること」

私が会社運営で実現したいことの根幹にあるのは、この2つに尽きます。

強くそう誓うようになった原点は、先述した私の中学生時代に父が経営する西田組が倒産した体験からきています。悔しく惨めな記憶が強烈に心に残っているからこそ、私は「自分は経営者として絶対に社員を守るんだ！」という強い決意を今でもずっと抱き続けています。この激しい念いが、本書で紹介する私の経営の姿勢、考え方や仕組みなどのすべてのベースとなっているのです。

とにかく、倒産して社員が散り散りになり、周りの人が離れていくつらさは実体験から身に染みています。

先代社長は私以上にその気持ちが強かったはずです。だから、会社の売上が下がったときには、真っ先に息子である私の給料を引きました。社員は絶対に解雇しない。その代わり、利益が出たら私に返してくれたのです。

経営者としての自覚と姿勢は、一貫していなければなりません。

社長としてのあり方がズレてしまったら終わりだと思うぐらいです。何の業界のどんな規模であっても、社長としての自覚と姿勢に関しては、誰でも持っていなければいけないものなのです。優れた専務や部長がいたとしても、社長がトップとしての姿勢をバチッと示すからこそ、会社は成り立っていると思います。

では、自分の社長としての自覚と姿勢はいかにしてつくられるのでしょうか。

自分がどう生きたいかは「自分の心が知っている」のですから、とにかく自分自身を深く知ることからスタートです。

自分はどんな人間で、何を大切に思っていて、人生で何に価値を感じるのか。また、何が得意で、どんなことを苦手としているのか。仕事においては言うまでもなく、趣味に打ち込む時間や家族と過ごす時間など、人生のあらゆる場面において、自分のこだわりや美意識、価値観といった自分らしさが表現されます。

こうした人生の一つ一つのシーンで、自分を深く理解している人は、自らの心が発する「こうありたい！」「これを実現したい！」という声を素直に受け入れ、それを行動で表現することができます。

つまり、自分らしく生きるためにまず大事なのは、「これが自分の望む状態だ」という明確なイメージを持つこと。現実的に可能かどうかは置いておいて、自分の心が求めているものを自覚することなのです。

自覚が持てたら、次は「社長としての姿勢」です。

自分の天命や使命に沿った人生を生き切るために、私が重要だと考えているのが「行動すること」です。

自身の心が発する声に従って「実現したい未来」がイメージできたら、その未来に近づくためにに、とにかく行動を起こすことが大切です。

現実的には、目指す未来がすぐに実現するなんて幸運はなかなかありません。しかし、実際に行動を起こせば、目標地点との差がどれくらいあるのかに気づくことができます。目標までの距離がわかれば、その差を埋めるために行動を修正することが可能になります。

時には、目指す未来の実現を妨げるさまざまな困難や問題も訪れるでしょう。それは喜ぶべき試練です。

自分自身を変化させ、成長させるためのチャンスだと考えればいい。困難や問題は、今こそ自分が変わるべきタイミングであることを教えてくれているメッセージなのです。

私は社員の皆さんに「自分の目の前に起こる問題はすべて、自分を成長させるためにやってくると思えばいい」とよく口にしています。降りかかる問題を「どうすれば、この状況を克服できるか」を考えるための課題だと捉えればいいのです。

自分を見つめ直し、さまざまな試行錯誤をするきっかけにできれば、困難を乗り越える度に力が身につくのです。

このように「描いて↓掴んで↓行動して↓修正する」というサイクルを繰り返すことによって、少しずつでも着実に「経営者として本来あるべき姿」に近づいていくことができます。経験から学ぶことで、自分が成長し、自分自身が見えてくることで、目指すべき未来の姿もそれに合わせて変化していくことでしょう。

つまり、このサイクルを回しながら経営者としての高い目標を持ち続け、周囲の成長も促すことこそが、会社を任され、与えられた〝命〟という名の時間を使い、自分の人生を〝生きる〟ということだと、私は考えているのです。

ちなみに、最近では高みに挑み続け、クリアしながら、次々と新たな目標を掲げることを忌避する若い人もいると聞きます。実際に、私もそんな社員に接することもありました。

もったいないと思います。成長し続けることをノルマのように受け取ってしまうから、苦しみのように感じるのかもしれません。

しかし、困難に挑戦し、それを乗り越えることで考え方や能力が進化すれば、これまで見たことがない風景を目にするでしょう。

今までできなかったことがラクラクとこなせてしまい、その結果として、自分が理想とする未来が実現され、自分によって幸せになる人も増えるとしたら、「挑戦」と「成長」が大切なことだと思えてこないでしょうか？

かくいう私自身も、社長としてのスタートはまったく褒められた形ではないのです。やることなすことがうまくいかず、途方に暮れた時期もあります。

仮に父が「西田組」の倒産によってすべてを諦め、再起することを放棄していれば、今の私はなかったかもしれません。

でも、父・貞雄は西田組の倒産から数年後、優秀な幹部社員の尽力もあり、進和建設工業の前身となる『新和建設』を設立しました。そして公共施設の建設を中心とした堅実な経営で、順調に業績を伸ばしていきました。

再出発の約5年後には、大学で建築を学んだ後、技術者として建設会社で働いていた私が入社します。そのさらに13年後の1987年、経営者としてのバトンが突然、父から私に渡されることとなったのです。

当時の私は技術者として現場を飛び回るのが楽しくてたまりませんでした。だから、突然の父の引退宣言に伴う自身の新社長就任は、寝耳に水の出来事です。

当初、父は社長退任と同時に新和建設も廃業する考えでいたようですが、事業を営んでいる祖母方の親戚からのアドバイスにより、「とりあえず2年間だけ」という条件つきで私の社長就任が決まったのです。

これは私にとって試練であり、人生の大きな挑戦となりました。

「自分が継がなければ会社がなくなってしまう」との義務感も働いて社長を引き受けることを決めましたが、当時の自分を〝社長の器〟だとは思っていません。口下手で、どちらかと言えば引っ込み思案な性格でしたし、経営にもあまり興味がなかったからです。

実際、経営どころか、営業すら未経験の素人である私の社長就任に対し、先行きの不安を感じた社員がバタバタと辞めていくありさまでした。

まずは、それまで父が行っていた公共事業の仕事を受注しようとするものの、当時の業界では談合がまかり通っていて、若造だった私など、その輪に入れてもらうことすらできません。苦手にしていた営業にも頑張って取り組みましたが、不慣れな私の売り込みには耳を貸してもらえず、惨敗のくり返しです。

何とか大手ハウスメーカーの下請け工事を受注でき、活路を見出そうとしましたが、利益が薄く、まったく儲けにつながりません。

そんなダメな経営者だった私を奮い立たせてくれたのは、社員の皆さんでした。

苦しい状況でも会社に残ることを決め、「社長、頑張りましょう！」と励ましてくれる仲間がいました。涙が出るほど嬉しく、社員とはありがたい存在だと心から感謝しました。そんな彼らの気持ちに報いるため、「何が何でも社員の皆さんを幸せにするんだ！」と決意を新たにしたのです。

そのとき、自分は社長なのだという自覚も強く芽生えました。社長にとっての能力とかマインドというものは、〝魅力づくり〟だと気づいたのです。

普通は自分個人のために役立つ能力を身につけようと思うものです。でも、私は社長として多くの人に応援してもらうために、魅力的な自分をつくりたいと考えました。

自分1人がしゃかりきに頑張っても、やれることには限界があると気づいたのです。でも、多くの人に力を貸してもらい、応援してもらえば、1人のときの数分の一の力で、数十倍もの仕事ができます。

そうなるためには、私が魅力的になる必要があります。魅力的な社長には多くの人が寄ってきて、みんなでこちらの運気を上げてくれるのです。

そこで、私のモットーである「人生は運×徳×人脈」が生まれました。

徳がない人には、人脈はできません。良い人脈が広がれば、その人の運も上がるものです。「今だけ」「自分だけ」という考え方や生き方をしていれば、運も人脈もそれなりのものしか集まらなくて当然です。

自分だけ良ければいいという考えでは、経営者としての自覚と姿勢は養えません。

私の社長人生も山あり谷ありです。うまく軌道に乗った時期もあれば、リーマン・ショックで7億円の損をしたり、最近でもお客様が4億7000万円もの大金をわが社に支払わず、勝手に使い込んだ事件もありました。

大変なトラブルが起きる度に、私は他人のせいにしないように心がけています。こんな因果を背負うのは、私が過去に何かをした結果として、今こういう目に遭っているんだと考えるようにしています。これが私の成長の課題だと思うから、前を向いて取り組めるのです。

「会社を潰さないこと」

「社員を幸せにすること」

何があっても、この念いだけは揺らいだことがありません。

経営者にとっては、「思い描いた未来を、企業として絶対に実現させるんだ」という強い意志、言い換えるとそうした覚悟こそが、会社を順調に運営していくためのスタート地点となるのです。

2 志・ビジョン・ミッションを描く

❶フィロソフィーと経営理念

先述しましたが、私も35歳で社長に就任してすぐに、経営者として実現したい世界の具体像を描けていたわけではありません。

当初は「自分についてきてくれる社員の皆さんを失業させるわけにはいかない！」という強い使命感はあるものの、自らの力不足もあり、会社に十分な利益をもたらす仕事を思うように取ってこられない状態が続きました。

しかし、自分にできることを求めて必死にあがき続ける中で、運命的に「ローコストマンション」という商品に出会ったことが大きな転機となりました。

ローコストマンションを自社商品として、他社と比べて絶対的な強みを持つレベルにまで磨き上げたことにより、自分にとっての「仕事を通して実現したい世界」に少しずつ気づいていきました。

経営者に限った話ではありませんが、何事も経験が浅いうちは、目の前の問題をこなすことで精一杯になってしまうものです。

そんな私は、経営におけるフィロソフィー（哲学）の重要性にあらためて気づかされました。人は誰でも大切にする信念や価値観があり、生きていく上でその部分を明確にすることが、自分らしい決断や、ひいては自分らしい生き方をすることにつながります。

前項でも少し触れましたが、人は自分が本当はどう生きたいのか、つまり自分自身のあるべき姿や、実現したい世界のあるべき姿を、たとえ自覚できていなくても、心の奥底ではわかっているのだと思います。

そんな心の声に耳をふさぎ、気づかないふりをし続けることは、私には「自分の人生を一所懸命生きることにチャレンジしていない」「自分にウソをついた生き方をしている」と映るのです。

自分の天命や使命に従い、心の声に従って生き切るというのは、言い換えれば、ずっと成長・発展・進化し続けながら毎日を真剣に生きていくことだと考えています。

なぜなら、人は〝今できること〟の枠の中で考えたり行動したりしていると、どうしても慣れていってしまうからです。

だからこそ、常に自分の脳が刺激を受ける状態を保つためには、まだ出会ったことのない未来のあるべき自分に向かってチャレンジし続けることが必要なのだと思います。

ところが人には、本当はしたいと思っていることがあるのに、外的要因を見つけて、無理なんだと自分を納得させようとする傾向があります。

例えば「上司に反対される」とか「失敗する可能性が高い」などの理由をつけて、諦めてしまうことがよくあります。本来なら、上司に提案をして反対されたとしても、自分の役割・責任を果たすために権限を取りにいくという未来もあるのです。

失敗する可能性が高いのなら、どうすれば成功の確率が上がるのかを考えればいいのです。私も数多くの困難に直面してきました。その時々の課題に対して全身全霊で取り組み、感じ取り、学ぶことによって、目に映る風景が少しずつ広がっていったのです。

仮に満足すべき結果を出せなくても、それ以降、留意すべきさまざまな重要ポイントや、その対処法なども見えてくるので、同じ失敗を繰り返さないようになります。

そこで、やるべきことから逃げずに立ち向かうには、心にフィロソフィーが必要なのです。

私が「会社を潰さない」「社員を幸せにする」、そして「建築技術を革新していく」ために、どのようなことを重要だと感じているのかを紹介しましょう。

以下に並べたのは、現在改定を進めているわが社のフィロソフィーの、根幹となる項目になります。すべて、経営者としての私が実行するとともに、社員にも実行を促している項目です。

0　本質を掴む
1　ビジョン
2　未来思考（次元）
3　目標を立て、行動・実践し、気づけ
4　大家族主義
5　進化・改善する
6　危機感を持て
7　（常に）挑戦し続ける（勇気）
8　人として正しいことを判断基準とする

会社運営においては、日々さまざまな問題が次々に訪れます。そのとき、問題単体を捉えて「どう処理するか、どう対応するか」という視点だけで考えていると、また違った形で同じ問題が降りかかることになるのです。

大切なのは、一つ一つの問題をどう処理・対応するかではなく、その問題にどっぷり浸かり、何が原因でその問題が起こっているのかという〝問題の本質〟を掴むことであり、問題の本質から課題を明確にすることで、どのようにすればその課題を解決できるのかという明確な見通

進和グループのフィロソフィー

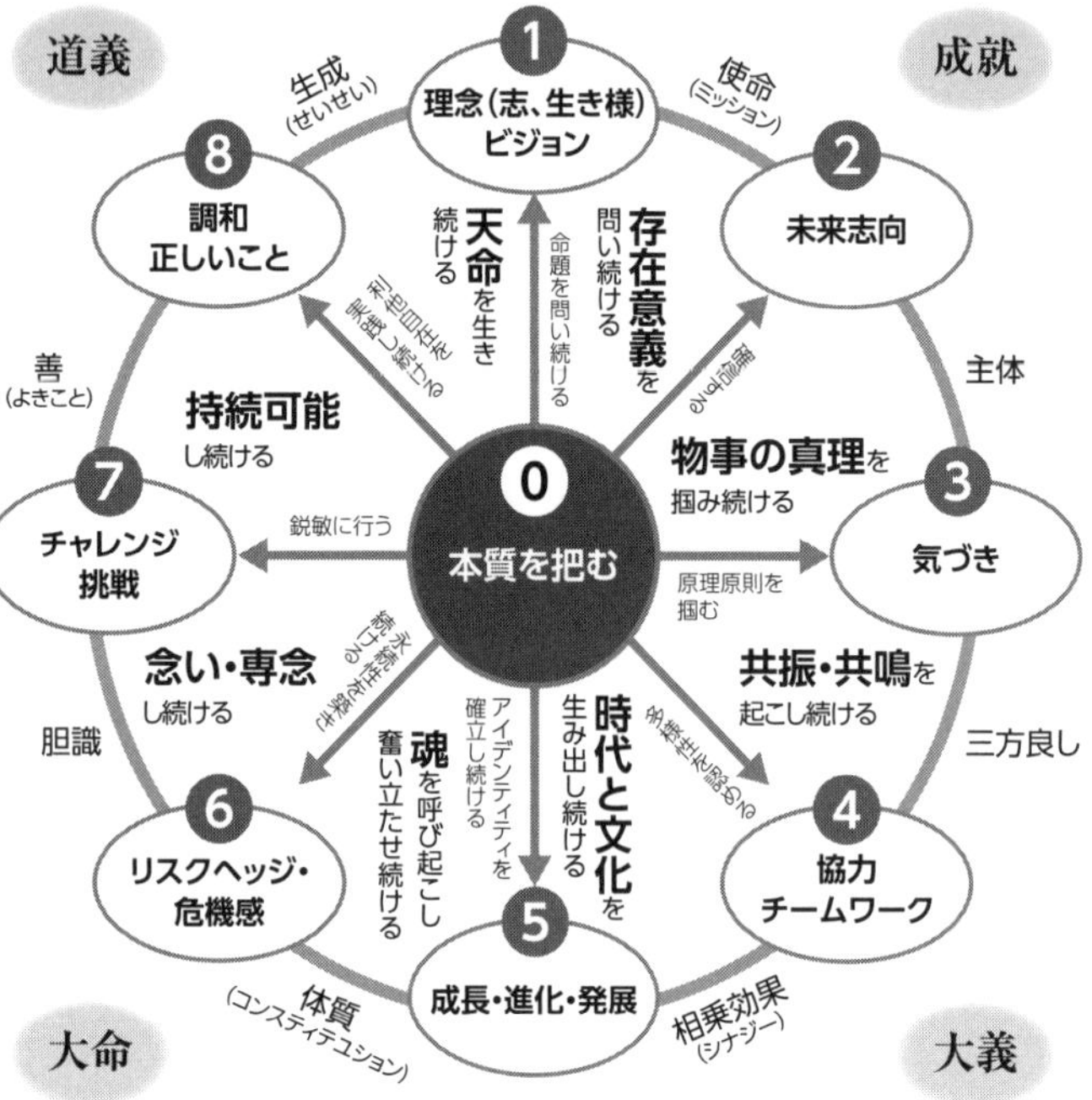

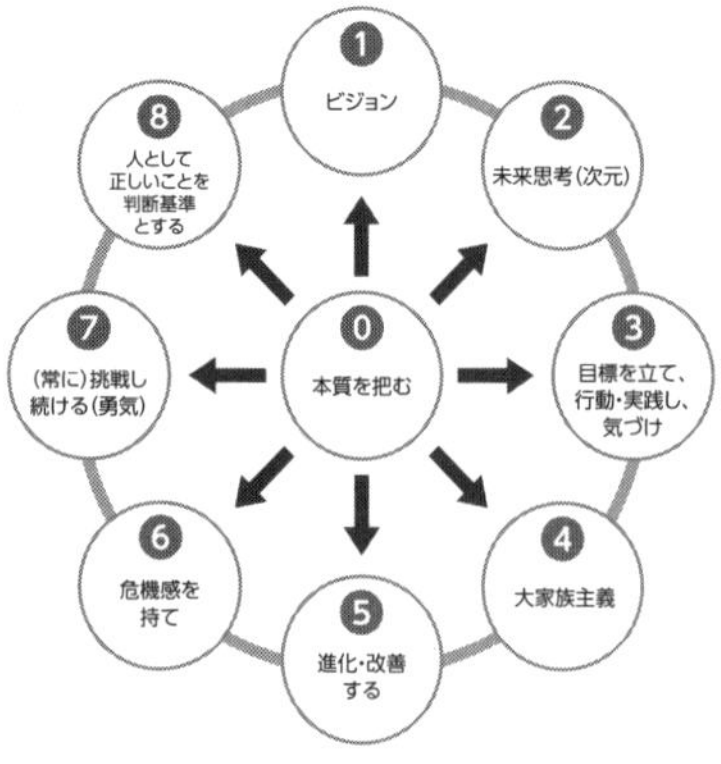

しを鮮明に立て切り、見通しをつけることです。

わが社ではフィロソフィーを書いた小冊子を社員全員に配っています。例えば「楽観的に構想し、悲観的に計画し、楽観的に実行する」「製品の語りかける声に耳を傾ける」といったことが並んでいます。

人間は弱いものだから、いろいろなことで悩みます。仕事上でも当然、多くの場面で悩むでしょう。そういう何かがあったときに立ち戻るのが、わが社の場合はフィロソフィーになるのです。

ちなみに経営理念との違いも紹介しておきましょう。

理念は何か問題が起きたときに立ち返るものです。そして、理念というのは3つの要素から成り立っています。

何のために会社をつくったのかという「存在理由」と、何をもって形に表すかという「使命感」、そして3つ目に何かあったときにどう行動するかというルールというか、どういう価値に沿って行動するかという「判断基準」です。

フィロソフィーは、その判断基準をより細かく書いてあると考えてください。

社長である私が出張に行っていて会社にいないとします。

その際、会社内で問題が起きた場合の判断基準をどうするかは、フィロソフィーを見ればおのずとわかります。

理念は大きな視点でつくられているので、本人が悩んでいるときにそれを見ても直接的な助けにはなりにくい。日常の具体的な悩みの場面に備えて、フィロソフィーを開いて読んでほしいと願ってつくりました。きっと解決につながるヒントが見つかるはずです。

何かあったときには、フィロソフィーを見て価値判断すればいいのです。例えば、社員が何か間違ったことをしたときにも、その社員を一般論で追及するのではなく、この33条に書いてあるフィロソフィー「私心のない判断を行う」からしたら、価値判断が間違っていないかというアプローチで問いかけています。

あるいは、社員が「追い詰められて、自分でも何をやっていいかわからなくなりました」と言い訳したとします。その場合は、46条を見ると、「もうだめだと思った時が仕事の始まり」と書いてあると伝えます。

理念というのは創業精神で、会社の存在理由がわかります。そして、どう実現するのかということがミッションになる。そして、フィロソフィーによる具体的な価値判断基準があり、どこを目指すのかというビジョンがあるわけです。

自らの心が強く望む理想の姿（ビジョン）を具体的に描いて確定させること、その実現に向けて高い目標を立て、行動・実践することによって目標との差額に気づき、その差額を埋めるために自らを常に成長・進化・発展させ続けながら、挑戦し、目標達成に向けてチャレンジを続けるのです。

❷存在価値と事業価値

私は金儲けだけを考えて経営をしているわけではありません。人を育てることも経営の中に入っているし、世の中の役に立つ商品を開発するというのも経営なのです。

多くの経営者は経営を事業の延長で考えてしまうから、金儲けばかりに走るのでしょう。

私は企業の「存在価値」と「事業価値」について次のように考えています。

進和グループの中に含まれている存在価値と事業価値

「存在価値」とは、社員の物心両面の幸せを追求すること

←

「事業価値」とは、ライフスタイルを通じた事業を通して暮らし・社会（街）を良くすること

存在価値に関しては、言葉通りの意味でわかりやすいと思います。

事業価値というのは、暮らしを良くしたり街を良くしたりすることを指します。人間としての幸せを追求することです。特にわが社の事業価値は「4つの価値」と言っています。すなわち「建物の価値」、お客様にとっての「資産価値」「暮らしの価値」「社会の価値」を上げていくことなのです。

つまり、事業の価値というのは、わが社がお客様や社会に対して、何を提供できるかということです。私は建物の価値を上げるための技術をどんどん良くしていきたい、街を良くしていきたい、暮らしを良くしていきたい、社会を良くしていきたいと思っています。それに加えて、どんどん良い人をつくってもいきたいのです。そういう部分にわが社の価値をお客様が感じてくれたら、私の喜びになります。

ただ、幸せになるためには条件があって、困難やつらいことから逃げ続けないことだと思います。その部分を避けて幸せになることは難しい。乗り越えるべき試練があって、そこで成長してこそ、幸せに到達するのだと考えます。

これは、人も会社も同じでしょう。会社でも何年置きかでいろいろな問題が出てくるのが常です。でも、それは成長の前振りだと考えていれば楽になれる部分があるはずです。

わが社では、前項で紹介した「自分らしい人生を生き切る」ことを私が実践しているだけでなく、社員1人1人に対しても求めています。なぜならそれこそが、わが社の考える「人としてのあるべき姿」だからです。

以下に示すのが、わが社の理念である「基本理念」「経営理念」ですが、「個人として止まることなく成長を続けつつ、自分の強みを発揮してお客様、そして世の中の役に立つ」という、わが社で働くすべての人間が達成を目指す大目的が表現されています。

[基本理念]
会社の成長発展と社員の物心両面の幸せのため、顧客満足を追求すると同時に社会に役立つ立派な社員をつくる

[経営理念]
〈私たちの使命〉
1．私たちは、建設事業と資産コンサルティング事業を通して、お客様の資産価値を高め、地域社会の発展に貢献します。
2．私たちは、独自のこだわりを持った住宅事業を通じて、夢のある暮らしを創造し、お客様の幸せづくりに貢献します。
〈私たちの目標〉
私たちは独創力と仕事の品質で、顧客満足度・信頼度・地域NO．1の会社を目指します。

〈私たちの行動指針〉

1．私たちは、熱意と誠意と気迫を持って、お客様のあらゆるご要望にお応えします。

2．私たちは、自己啓発に努め、幅広い専門知識と技術を身につけ、仕事の改善改革に積極的に取り組みます。

3．会社は、皆さんに活動の場と教育の機会を与え、夢の実現を積極的に支援します。

ここにはもう一つの重要なポイント、世の中に役立つ手段として、暮らしに関わる事業で、お客様であるオーナーや入居者、地域に喜びを提供するという、いわばわが社のミッションも記されています。

もともとこれらの理念は、私が自身の人生から学び、実践してきたことをベースに念いのすべてを盛り込み、会社に対する熱意や願望を文章として練り上げたものです。

そして現在、この理念に共感する人が入社してくるという流れができ上がっているため、わが社は理念を共有する人々の集合体という形になっています。

仕事を通じて「描き→掴み→行動し→気づいて修正する」のサイクルを回し続け、成長することで、自身も幸せになっていくと同時に、社会に貢献していくことを人生の目的とする考え方こそが、わが社の理念です。

社員1人1人が共感し、実践を目指すのと同じ価値観で会社が運営されていることが非常に重要なポイントであると、わが社は考えています。

具体例を挙げましょう。

例えば、わが社の介護施設運営事業では、あるスタッフが「お年寄りの方がワイワイ集まるたまり場をつくりたい」と自ら手を挙げたことがきっかけで、高齢者向けに脳トレを行うデイサービス施設を立ち上げました。

その立ち上げ作業は、会社の指示に従ってスタッフが動くのではなく、完全にスタッフが主導で動く形で進んだのです。

施設の内装についても、「予算的に厳しいけれど、どうしてもこの空間・世界観をつくりたいから」と、スタッフがホームセンターで材料を購入し、自らの手作業によるDIYで壁紙を貼ったりするシーンも見られました。

彼らの「自分たちがやりたいと言い出した事業だから、何としても満足のいく形で実現したい」という熱量や本気度の高さがとても強く印象に残っています。

このように、お客様に喜ばれる事業を社員が自発的に生み出し、世の中に提供していくスタイルが、わが社の理想的な姿だと考えています。

自分の成し遂げたい目標に対して、現実を見て妥協するのは簡単です。しかし、私はずっと

「ありがとうございます」の感謝をしながら生きているため、何か問題が起きたときにマイナスの気持ちが出てこないように、ポジティブなマインドに上書きしているのです。

誰でも、どんな立場でも、人生は修行の連続だと思っています。経営はまさにそうで、社長になれば死ぬまでうまくいくと思っているほうがおかしいのです。波があって上がったり下がったりを経験していくからこそ、成長がある。私は経営者として成長し続け、世の中の役に立ちたいと思っているので、一生を通して学んだり、働いたりしていきます。

人に伝える場合でも、過去の経験だけで伝えたくありません。現在進行形で自分が成長している姿や挑戦している姿と過去の経験を交えて伝えるのがベストです。

社長になってからは、絶えず進和建設は何のために経営しているんだろうと考えています。数多くの選択肢がある中で、この事業をやっていこうと決める際に、お客様がわが社とつき合うベネフィットやメリットなど、何があったらいいかと考え続けています。

この考え続ける行為こそ、事業の価値につながるのです。それは建設業に限りません。どんな業界・業種でも同じだと思っています。

今後も、社員1人1人が自分の得意を活かし、お客様や社会がハッピーになることを考え、仕事で表現していくという、わが社の理念を体現する集団であり続けたいと思っています。

❸ 使命・天命を果たす

天命・使命と言い出すと、大げさに聞こえる人もいるでしょうか？

私はあるとき、真剣に悩んでいました。人間は弱いからどうしても迷うものです。そのときに「社長は会社を守るんだ、社員を守るんだ」と決めたら、それほど悩まなくなりました。とにかく会社を潰さないことだと日々の仕事に打ち込んでいます。

そして、何のために生まれてきたんだと考えているうちに見えてきたのは、人の困っていることを解決するのが私の天命だということです。生まれてきたときと比べて死ぬときには、ちょっとでも心のレベルを上げることが私の天命だと思っています。要するに、優しい心になることが天命なのです。

使命であるミッションは、新しいものをつくり、人をつくり、事業をつくることで、世の中を新しく変えていくことです。

まずミッションがあって、そこからビジョンが出てくるわけです。なぜなら、ミッションがなくてビジョンだけを描いても、それはフワフワした夢みたいなものです。

さらに私は、技術を変えるだけでなく、建築業界をもっと魅力的な場所にしたい、そして自分に続くような建築技術者を育てていきたいという念いも持っています。

営利企業が利益を生み出すために事業を行うことは当然ですが、ただ売上や利益を伸ばすことだけを目的としていては、末長く経営を続けていくことは難しい。大切なのは、自身の強みを活かし、企業としての独創性や独自性を活かして世の中に貢献するという「志」がまず最初にあることです。

そして経営者が持つ役割とは、経営を通して自らの天命・使命を果たすことなのです。

わが社にはローコストマンションという商品がありますが、同じ商品（モデル）だからといって、どこに建てる場合でも常に同じつくり方をするわけではありません。現場ごとの条件に合わせ、コストを下げたり、お客様の満足度が高くなるように臨機応変につくり方を変化させるのです。

例えば、「ある地方の現場では安い工賃で作業者を集められるので、その分、高価な材料を使う」とか、「別の現場ではコンクリート型枠づくりの作業工賃が高いので、型枠の量が多くなる壁構造からラーメン構造に変えて、コンクリート型枠にかかるコストを圧縮する」といった創意工夫を行っていきます。

ここには、たとえ優れた方法論を生み出しても、それに満足して歩みを止めてしまうのではなく、常に「もっといいやり方はないか？」と追求を続ける一貫したスタイルが表れています。

ローコストマンションの開発における最大のポイントは、作業性が飛躍的に高まる工法を生み出したことですが、このような創意工夫を行い、成長・進化・発展させ続けることは、現在でも常に行っていますし、例えば業界的に新しい工法や技術が発表されたら、素早く取り入れるなど、技術的な進化には絶えず取り組んでいます。

このように技術者としての私は、技術を強みとした経営を行ってきた経験を通して、「自分の使命は建築技術を革新し、技術進歩のスピードを早めることだ」と考えるようになったのです。技術というものはそのほとんどが、過去から受け継がれ、時間を経るうちに改良が加えられ続けて今に至っています。

しかし、私は「先人から受け渡された技術をただ使って建物をつくるだけでは満足できない」と常々口にしています。ある技術を最初に生み出した技術者が、開発時に意図したものを感じ取って、改良が加えられる前の元々の状態……いわば技術の本質に立ち戻り、それに自分なりの創意工夫を加えてもっと良いものに変えます。

そうやって「建築技術を前に進めることに貢献できた」と思えたときこそが、自分が自分であることを心から実感できるのです。

3 経営観と事業観を養う

❶ 世の中の流れを捉える観方

ある日、専務が「自分はこんな会社をつくりたい」とプレゼンをしてきたことがあります。私は「お前は未来のことを読んでいるのか？　２０３０年の未来を調べてみろ！　競合他社を調べろ！」と指摘しました。

小さな視点や視野でビジネスを考えるのは、とても危険です。業界の未来も考えないといけません。いつも私が気にしているのは、人口、世帯数、可処分所得などです。そういう要素は経済に大きく影響するため、日頃からのチェックが必要です。

経営者になって、経済はさまざまな関係性から成り立っており、企業経営は常に外部環境との関係性にさらされていることがわかってきたのは、しばらく時間が経ってからでした。次に市場や経済の流れを読むことができなければ、会社経営はできないと思うようになり、自分の世の中を見る観点が変わりました。

経営には、世の中を捉えることが大事なのです。

サーファーと同じで、波に乗っていなければ海に落ちてしまいます。そのためには、世の中の波を予測しなければなりません。なぜなら、世の中は常に変化し続けているからです。その中で行うのが事業ですから、事業を行っていく上で、今日まで正解だったことが明日も同じように正解だとは限りません。

経営者として事業で実現したい長期的なビジョンを描くとき、世の中の流れを考えに入れていないと、誤った経営判断をしてしまうケースが多いでしょう。

そこで私は常に世の中の動きにアンテナを張り、変化の兆しが見えたら即座に対応していきます。その際、日常的に次の5つの観点から世の中の流れを捉えています。

1　自社
2　業界
3　社会
4　日本
5　世界

企業として、将来どんなことを実現していくのかを決めるにあたって、まず自社の現状を掴んでおくことは大前提です。しかし、それだけでは足りません。自社の観点からの発想のみでは、外部環境を踏まえていない身勝手なビジョンになりかねないからです。

わが社の場合であれば、建設業界、そして社会から日本国内全般、さらに世界にも目を向け、その中でわが社がどのような立場にあるのかを客観的に認識することによって、進むべき方向性が自然と明確になってきます。

ポイントは、これらの観点がそれぞれ独立したものではなく、自社と業界、業界と社会、社会と日本、そして日本と世界というように、相互の関連を押さえることが重要なのです。日本と諸外国の〝違い〟が新たに進むべき道のヒントになる場合もありますし、欧米で起こった現象が数年遅れて日本で展開される例も多く見られます。

いずれにしろ、視野を広げ、視点・観点を定めて世の中を定点観測する努力が、経営者にとっては欠かせません。

また、先述した5つの観点で世の中の流れを観察していくときに、次の4つの要素に着目すると、会社運営に大きな影響を与える変化に気づきやすくなります。

1　社会現象

2　法律・仕組みの変化

3　技術の革新
4　お金の流れ（補助金、助成金制度などを含む）

こうした5つの観点と4つの要素を押さえるために、書籍や新聞・雑誌などを読むことはもちろんですが、自ら海外に足を運んで視察を行ったり、各種セミナーに参加したり、専門家に会って話を聞いたりすることも重要です。

実際に現地の空間に身を置いたり、土地のものを食べたり、人と言葉を直接交わすなどの行動を通じ、自分自身の五感で〝感じる〟ことで、世の中の流れについてより深い気づきが得られるのです。

例えば、今はコロナ禍があります。

この過酷な環境を生き残るのはもちろんですが、経営者たるもの、コロナが終わった後に社会がどうなるかまで予測する必要があります。どれだけ「コロナが収束したら、自分はこんな事業をしたい」と思っても、世の中の流れと違ってしまえば無意味です。

では、コロナが終わった後はどうなるのか。残念ながらコロナが終われば、税金が上がるはずです。公共交通機関もたぶん採算が合わなくなって運賃を上げるでしょう。

そういう世の中になったときに自社の経営にどんな影響があるでしょうか？　どんな商品が

世の中の観方と観点

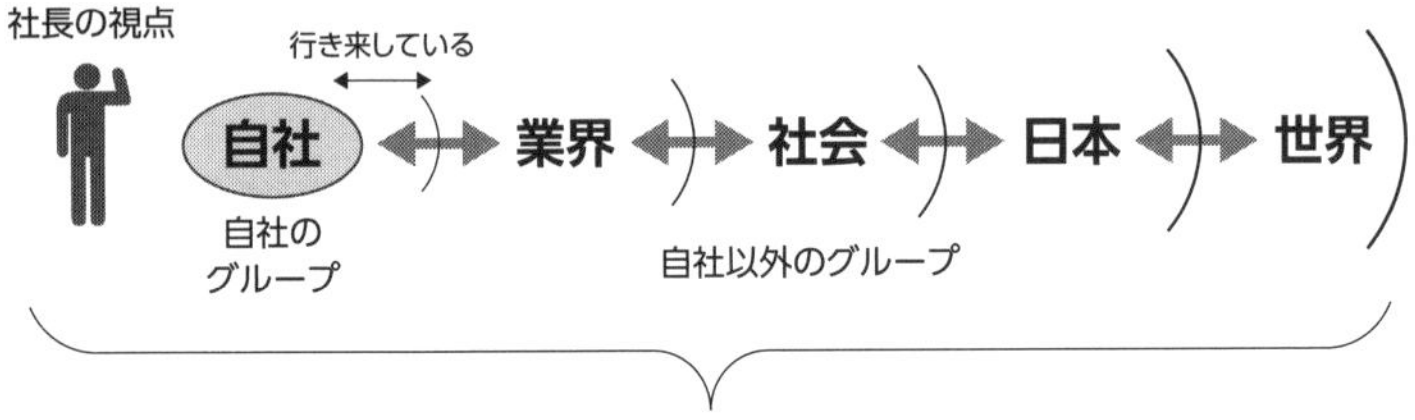
社長の視点
行き来している
自社
自社の
グループ
業界
社会
日本
世界
自社以外のグループ

これらの視点を行き来して融合させている

※5つの観点から自社のグループ・自社以外のグループの状況を"定点観測"している。

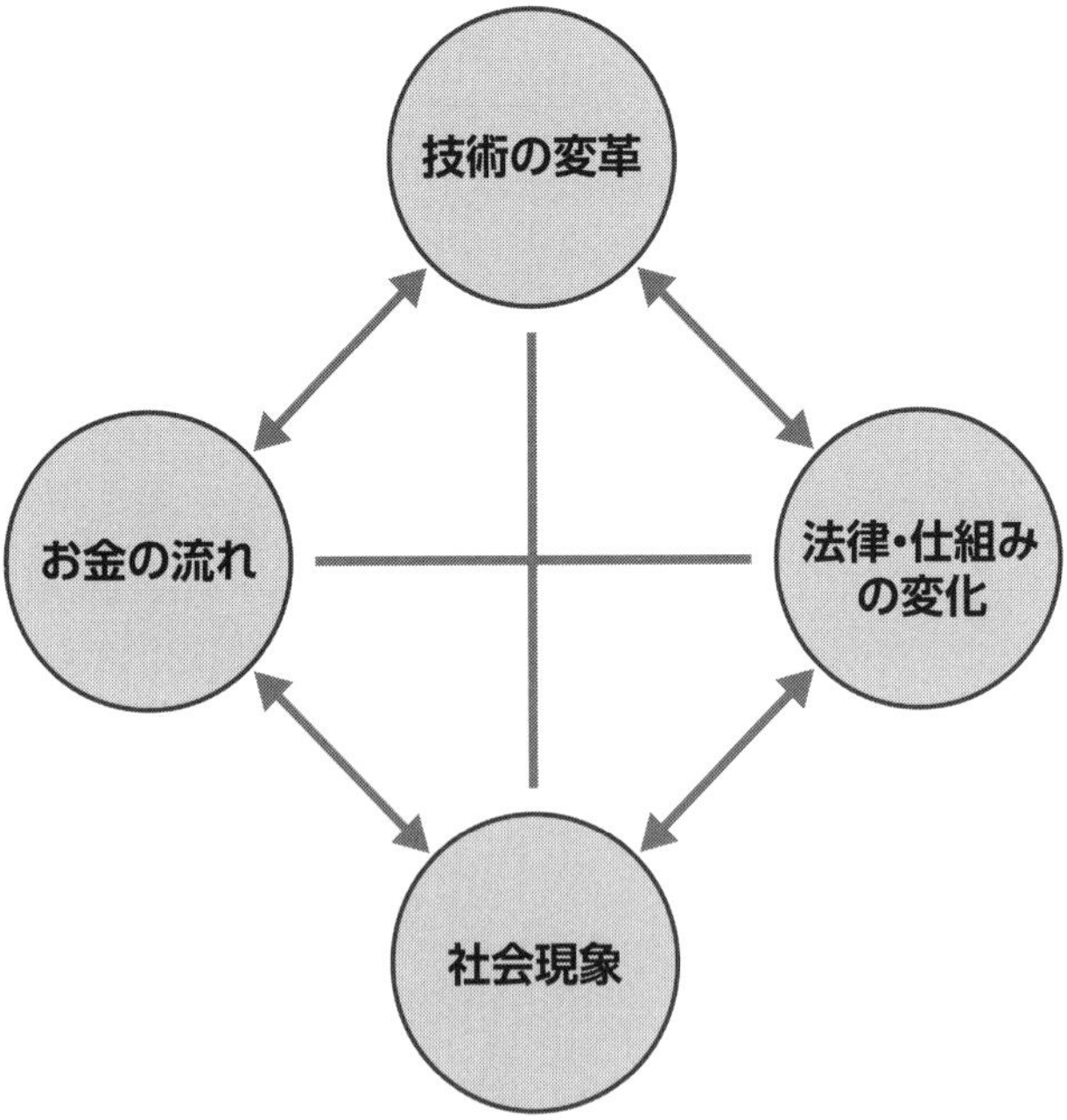
技術の変革
お金の流れ
法律・仕組み
の変化
社会現象

※自社のグループと自社以外のグループを行き来して、
融合させた情報を4つの要素で観ている。

売れるかなど、いろいろ考えてみるのです。

仮に仕事量が減っても一定の利益を確保できるような体制に少しずつ転換をしていなくてはいけません。そのために、先手先手で準備をしていくといったことを、経営者は常に世の中の流れを見ながら考え、実践していくのです。

❷ 事業は何のために行うのか

皆さんは自分が何のために事業を行っているのかを考えたことはありますか？

私は得意分野である「技術」を駆使し、直接のお客様である地主や、さらにそのお客様である借り手に満足してもらえるような建物を提供することにより、世の中の役に立つべく事業を進めてきました。

そして建築技術そのものについても、現状あるものから一歩でも二歩でも前に進めて、高い付加価値を持った建物を今よりも低コストかつ短い工期でつくることができるようにしていきたいという願いを現在でも常に持ち続けています。

社長にとって経営は、人生と同じと言っていいでしょう。生きることは、自分の内側にある願望や理想を行動で表現するという行為の連続であるはずです。であれば、事業を行っていく上においても、ベースとなるのは経営者の個人的な体験や経験に裏打ちされた個人的な念いとなります。

ただし、念いだけでは、将来にわたって長く続く事業にはなりえません。経営者の個人的な念いと、社員やお客様、さらには社会といった大勢の人のニーズがピタリと重なってこそ、初めてみんなが喜んだり、共感して応援してもらえ、結果的に世の中にずっと残るような事業となるのです。

ですから事業を行うにあたっては、「自分が持っている強みや独自性・独創性を、どんなふうに世の中に役立てられるか」という視点が必要になります。

基本的には「三方良し」が一番いいと思います。

私の場合なら、進和に良くて、お客様に良くて、工事する協力会社にいいというのが一番の状態です。さらに視点を変えれば、お客様のお客、つまり入居者が良かったらなおいいのです。

お客様のことだけを考えるのなら、利回りのいい商品をつくれば事足りるのかもしれません。しかし、そのマンションに住む入居者のことも考えて開発しないことには、結局はお客様の経営が成り立たなくなるのです。

直接取引をするお客様だけではなく、お客様のお客様にも目を向けて商品を開発していく。要は、マンションのオーナーが募集する入居者のことまで考えて商品開発に取り組まなければいけないと思っています。

だから、私は進和も良し、オーナーさんも良し、うちのお客様も良しと「三方良し」の考え方で物事に取り組みます。

具体的には、入居者にいい建物を建て、利回りが大事なオーナーのためにコストダウンをして、さらにデザインや品質、見栄えにも気を配るのです。そうしてでき上がった建物が、地域から喜ばれれば申し分ないでしょう。

そのためには、本質を先に考えるということが大事です。モノをつくって売るのが先ではなくて、お客様のニーズやウォンツや価値を考えてからつくっていくのです。その商品がなぜ売れるのかということも含めて、先に考えないといけない。つまり、売れる仕組みまで考えないといけません。

私からすれば、この業界には商品開発という考えがありません。もっと言えば、他社は利益についての感覚が薄い。なぜなら利益より売上のほうを見ているからです。

多くの企業は受注を取ってから初めて利益を計算します。その結果、どこにしわ寄せが行くかと言えば、実際の工事をする協力会社にしわ寄せが行ってしまう。それでは三方良しの関係にはなりにくいでしょう。

ちなみに、今より少しでも良くなること、わが社が成長・発展・進化し続けるのは、建築技術だけではありません。事業を通じて、経営者である私自身、そして従業員、さらには顧客がともに成長し、幸せになることが、わが社の理想とする形です。

自分たちの得意を活かした事業で世の中の役に立ち、世の中が良くなっていくことで、関わる人たちすべてが幸せになる。そんな、人を幸せにする事業、人を幸せにする会社を目指しているのです。

経営者にとって、自分は何者で、自身の使命が何なのかに気づくためには、自分なりに「今、何が大切か？」「何をしたいのか？」を明確にしていき、〝見通しを立てること〟と、見通しを行動実践して、さまざまな事柄に向き合っていくことが大切です。

もし何をしたいのかがまだ見つからなければ、「今の仕事や目の前にあること」に一生懸命取り組み、その過程で向き合いたくないことや受け入れたくないことなどにも向き合い、受け入れることで、ありのままの自分を発見できるのではないかと思います。

そんな自分が〝本当に思っていること〟が「志」や「念い」だと思います。

何のために仕事をするのか、何のために事業をするのか、それぞれの理由が自分の中にあるはずなのです。

4 企業風土・企業文化を育む

私は企業風土・企業文化を育むことが、会社の永続的な経営につながると確信しています。社長以下、社員に共有化された価値観・文化があることは、その会社の強みなのです。以下に進和グループの企業風土と企業文化を紹介しましょう。

◎進和グループの企業風土とは――

1　風通しのいいコミュニケーション、明るい雰囲気
2　挑戦できる
3　誰でも気軽に意見が言える
4　やりたいことができる
5　自主的に行動する、前向き
6　やり切る
7　社員が会社・組織が好き、組織の目指す方向・理念に共感、ビジョンを共感する
8　感謝の気持ち

◎進和グループの企業文化とは――

1　顧客第一主義、すべて顧客のため
2　サービス精神の徹底
3　品質のこだわり
4　チームワーク重視、大家族主義
5　成長志向（かつ、ダム経営）
6　実力主義
7　会社経営
8　効果の有利性（生産性向上・業績向上の意識）

これらは先代の時代から培われているので、次世代にもぜひ伝えていかないといけないと思っています。

企業風土というのは、その環境で働くうちに身についていくものだと思います。企業文化に関しては、社員が時代とともに変えていく部分もあっていいのです。

風土は家風と同じであり、長く変わらないことで一貫性が出るようになっていると考えます。

よく社外の人に「学び続ける会社」とか、「会社が大事」とか、「何かおもしろいことをやっている」という社風だと言われます。会社の歴史からでき上がっているものですから、わが社の社員の皆さんには会社の歴史を教えることで、新しく入ってきた社員もだんだんなじんでいってほしいのです。

企業文化については、ひと言で言うなら、基本は「よく学び、よく稼ぎ、よく遊べ」ということです。よく学び、一所懸命にやってくれて、無駄な動きをしなければいいです。中途半端に遊ぶなという考え方は何かと言えば、自分らしい人生を送ってくれということが中心にあります。それが大事なのです。

なので、私は社員の皆さんの誕生日にはプレゼントを渡しています。ネクタイやボールペンなどを贈っているのです。

オフィスでも誕生日会を開催したり、時間があれば、私も社員に「飯を食いに行こうか」と声をかけて、食事しながら楽しくやっています。

第2章

社長の事業

1 社長としての事業観

この章では事業にフォーカスして、事業の中核である商品、そして商品を構成する要素としての技術（テクノロジー）について触れていこうと思います。

私は、事業というものは、経営者が自分自身の心と対話を行い、心の中深くに存在している「志」に気づき、いかに世の中に貢献していくかというイメージを形にしていくことだと定義しています。

自分のイメージを実現するために何をすればよいのかを考え抜いた結果が事業なのですから、ただのお金儲けではなく、経営者自身の志から生まれたものであってもらいたい。その中核にあるのが、商品でありビジネスモデルということになります。

この事業や商品を開発すること、そして会社の理念とビジョンを実現するために経営構想（グランドデザイン）を描き、事業経営者を束ねていくことが、経営者の役割なのです。そして、幹部や管理者の役割は経営者がつくり上げた事業を経営・運営していくことであり、さらに実務レベルで事業を回していくことが、社員の役割となるでしょう。

よく事業とは「利益追求」と信じ込んでいる経営者がいます。その〝利益〟と言えば、お金と思っている人も多いです。

しかし、私の考える利益というのは、必要経費なのです。例えば、わが社は期初に決算書をつくっていて、その書面には「利益」の数値まで入れてあります。つまり、そこですでに利益は確定しているわけです。わが社の労働分配率は35％であり、売上と利益と給料は全部連動しています。

逆に社員の給料も同じで、社員には等級があり、そこに単価をかけたものがそれぞれの売上目標になり、期初に提示されます。他にも「等級をアップするためにこういう成果を上げなければいけない」などの条件も加味して、それがイコール給料になり、視点を変えれば、必要経費になるわけです。その部分をキッチリと切り離しては考えていません。

要は、会社の視点では利益だけど、社員にとっては給料になるわけで、そこは全部つながっているわけです。だから、「会社は利益追求をする」という単純なメカニズムでは、わが社の事業は語れるものではありません。

私は、自身の事業観を「お客様の潜在的なニーズを掴み、そのニーズを満たす世の中にない新しいものを、自分の持ち味である建築技術を活かしてつくること」であると思っています。

また、「わが社のコアコンピタンス（強み）の中核にあるのは〝商品開発力〟だ」ということや、「自分の天命は建築技術を革新することだ」というセリフも頻繁に口にしています。

事業と経営(オペレーション)の概念

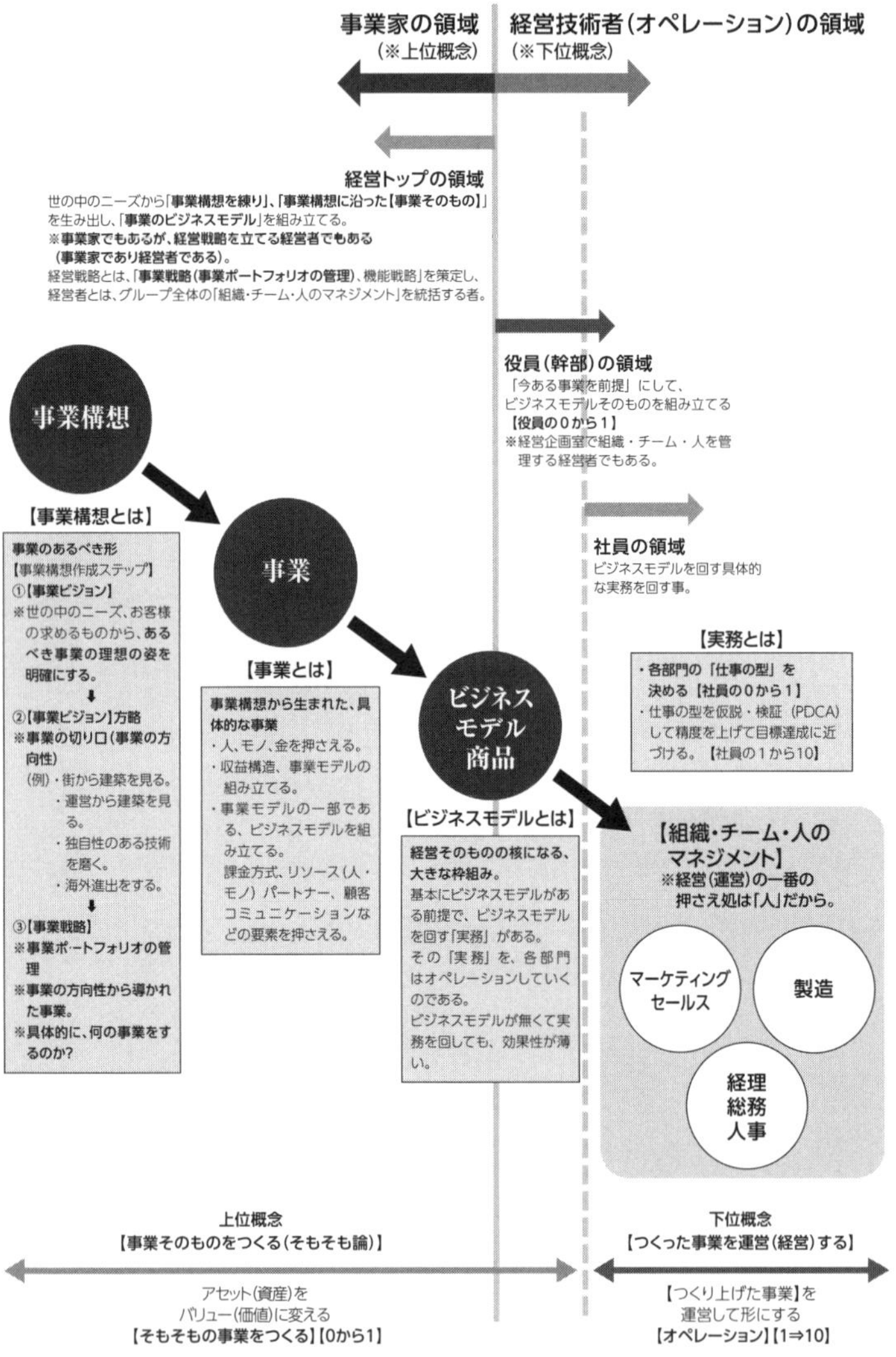
事業家の領域
(※上位概念)
経営技術者(オペレーション)の領域
(※下位概念)
経営トップの領域
世の中のニーズから「事業構想を練り」、「事業構想に沿った【事業そのもの】」を生み出し、「事業のビジネスモデル」を組み立てる。
※事業家でもあるが、経営戦略を立てる経営者でもある
(事業家であり経営者である)。
経営戦略とは、「事業戦略(事業ポートフォリオの管理)、機能戦略」を策定し、経営者とは、グループ全体の「組織・チーム・人のマネジメント」を統括する者。
役員(幹部)の領域
「今ある事業を前提」にして、ビジネスモデルそのものを組み立てる
【役員の0から1】
※経営企画室で組織・チーム・人を管理する経営者でもある。
社員の領域
ビジネスモデルを回す具体的な実務を回す事。
事業構想
【事業構想とは】
事業のあるべき形
【事業構想作成ステップ】
①【事業ビジョン】
※世の中のニーズ、お客様の求めるものから、あるべき事業の理想の姿を明確にする。
②【事業ビジョン】方略
※事業の切り口(事業の方向性)
(例)・街から建築を見る。
・運営から建築を見る。
・独自性のある技術を磨く。
・海外進出をする。
③【事業戦略】
※事業ポートフォリオの管理
※事業の方向性から導かれた事業。
※具体的に、何の事業をするのか?
事業
【事業とは】
事業構想から生まれた、具体的な事業
・人、モノ、金を押さえる。
・収益構造、事業モデルの組み立てる。
・事業モデルの一部である、ビジネスモデルを組み立てる。
課金方式、リソース(人・モノ)パートナー、顧客コミュニケーションなどの要素を押さえる。
ビジネス
モデル
商品
【ビジネスモデルとは】
経営そのものの核になる、大きな枠組み。
基本にビジネスモデルがある前提で、ビジネスモデルを回す「実務」がある。
その「実務」を、各部門はオペレーションしていくのである。
ビジネスモデルが無くて実務を回しても、効果性が薄い。
【実務とは】
・各部門の「仕事の型」を決める【社員の0から1】
・仕事の型を仮説・検証(PDCA)して精度を上げて目標達成に近づける。【社員の1から10】
【組織・チーム・人のマネジメント】
※経営(運営)の一番の押さえ処は「人」だから。
マーケティング
セールス
製造
経理
総務
人事
上位概念
【事業そのものをつくる(そもそも論)】
アセット(資産)を
バリュー(価値)に変える
【そもそもの事業をつくる】【0から1】
下位概念
【つくった事業を運営(経営)する】
【つくり上げた事業】を
運営して形にする
【オペレーション】【1⇒10】

ここからは、現在の進和建設を形づくっているともいえる、商品や技術に対するわが社独自のこだわりや信念を紐解いていきましょう。

2 商品に関する考え方

❶ 生産システムの仕組み

わが社がなぜうまくいっているかをひと言でいうなら、しっかりとした生産システムをつくってあるからでしょう。

建物をつくる工程がすべて定められたラインに従って流れています。他社の現場では、現場監督がそれぞれ勝手に工程表を組んで進めているけれど、わが社には基本的なラインがあって、考え方は工場のラインと同様に、誰が現場監督をしても同じ工程・同じクオリティで進んでいくシステムです。

私がローコストマンションを開発した1990年頃の建築業界では、「建設会社は設計事務所などから提供された図面に基づき、建築の施工のみを請け負う」というのが、マンション建築における一般的なスタイルでした。請負の仕事では、基本的に工事が始まる前に見積もりを出し、その金額で受注します。

ところが実際に工事が始まれば、思うように工程は進まずに、工期が長引くなどの事態は日常的に起こります。当然ながら見積もり時に想定していた以上のコストがかかってしまうことは珍しくありません。

そのため、「工事が完了するまで、いくら利益が残るか確定しない」という業界特有の構造上の課題を慢性的に抱えていたのです。

そんな時代背景にあって、私がつくり上げたローコストマンションは、画期的な存在でした。戸建て住宅であれば、当時から規格化された商品は存在していました。しかし、その頃のマンションと言えば、建てるごとに都度設計が異なる〝一点もの〟がスタンダードです。

私はマンションを商品化することに成功しました。

その結果、工期とコストがほぼ正確に計算できる商品として、わが社のマンションは生まれ変わったのです。同時に、先ほど例に挙げた業界の慣習を取り除き、受注した時点で最終的な利益額を確定させることが可能になったのです。

それがわが社のローコストマンションになります。

この商品化において最も大きかったのは、工法を徹底的にシステム化することで無理や無駄を省き、生産性を高めつつコストを下げられたことです。わが社のような建設会社は、現場では工事全体の管理業務が主で、社内には工事の実行部隊を持ちません。実作業は、鉄筋を組む会社や上下水道などの配管を行う会社、コンクリート型枠を加工してコンクリートを打設する会社、タイル張りを行う会社……など、さまざまな協力会社に依頼をしています。

工事の進捗に伴い、こうしたさまざまな協力会社が順番に現場に入り、作業を進めることで建物を完成させていくのですが、実はローコストマンションが開発されるまで、工法については基本的に協力会社に任せっきりとなっていました。

その結果として、作業のスピードやクオリティにバラつきが出るのが悩みのタネでした。いわゆる〝職人技〟の世界だったため、作業者のキャリアやスキルによって、現場のレベルに高低が生まれてしまっていたのです。

ローコストマンションの商品化に際し、私はその問題の解決も図りました。

当時、海外で行われていた最新の工法をもとに、少ない人数でスピーディーに、しかも高度な技術を持たなくても作業が進められる工法を開発したのです。そして、その工法を誰でも一定のクオリティで行えるようにマニュアル化しました。

このマニュアルを協力会社に習得・実施してもらうという取り組みを行ったことにより、工期や品質、コストを高い精度でコントロールできるようになったのです。

この結果、恩恵を受けたのは、わが社だけではありません。実は協力会社も、従来より多くの利益を残せるようになりました。なぜなら、彼らにとってもコストが下がり、その分、利益がアップする作業の進め方を提案・指導できるようになったからです。

ローコストマンションは商品化されているため、イレギュラーな要素が少なく、作業時間の見積もりにほぼ狂いが出ません。

わが社からすれば〝速く正確につくれる工法〟で工事を進めてもらう代わりに、建材にかかる費用と作業者の工賃を正確に算出した上で、十分な利益を上乗せした金額で発注できるようになったのです。

つまりローコストマンションという商品を開発したことで、わが社と協力会社がともに伸びていける環境が整ったわけです。

ちなみに、建設会社が協力会社に発注をする際は、複数の協力会社から見積もりを取り、安く受注してくれるところに依頼することでコストダウンを図ることが一般的ですが、わが社ではそうした相見積もりを取ることは一切ありません。それは「安いから仕事を頼む」のではなく、「この会社と仕事をしたい」という関係性でつながっているからです。

システムの導入当初には、従来とは異なるやり方で施工を進めることに対し、協力会社からの反発もありましたが、勉強会を重ねたり、「実際に進和建設が指導する方法でやってみたら、十分に利益を残せた」という成功体験を積んでもらうことによって、彼らの意識は変わっていったのです。その意味では、ローコストマンションはわが社だけでなく、協力会社とともにつくり上げてきたシステムだとも言えるでしょう。

お金を判断基準にコロコロと協力会社を変えるのではなく、信頼関係でつながった協力会社とともに永続的な発展を目指す。これがわが社のモットーなのです。

もちろん、画期的な生産システムの仕組み化で、工期や品質をコントロールできるようになったことは、お客様である施主にもメリットが大きいことは言うまでもないでしょう。

ローコストマンション実現に欠かせない生産システムは、わが社にも協力会社にもお客様にもメリットをもたらす「三方良し」の技術なのです。

わが社が一点もののオーダーメイドから規格化・商品化へと軸足を移したのは、私の「どうせエネルギーを使うなら、それを他にも活かせる形にしたほうが効率的」という考え方が大きく関わっています。

私は基本的に仕事を単発で終わらせるのはもったいないと考えています。点ではなく、線でつなげていきたいのです。

現在でも請負の仕事はゼロではないのですが、それらの仕事では、基本的にどんな建物の建築依頼が来るかはわかりません。これはチャンスにもなりえます。

例えば、縁があって病院の建築を手がけることになった場合、わが社では「先方から提供さ

生産システムの概念

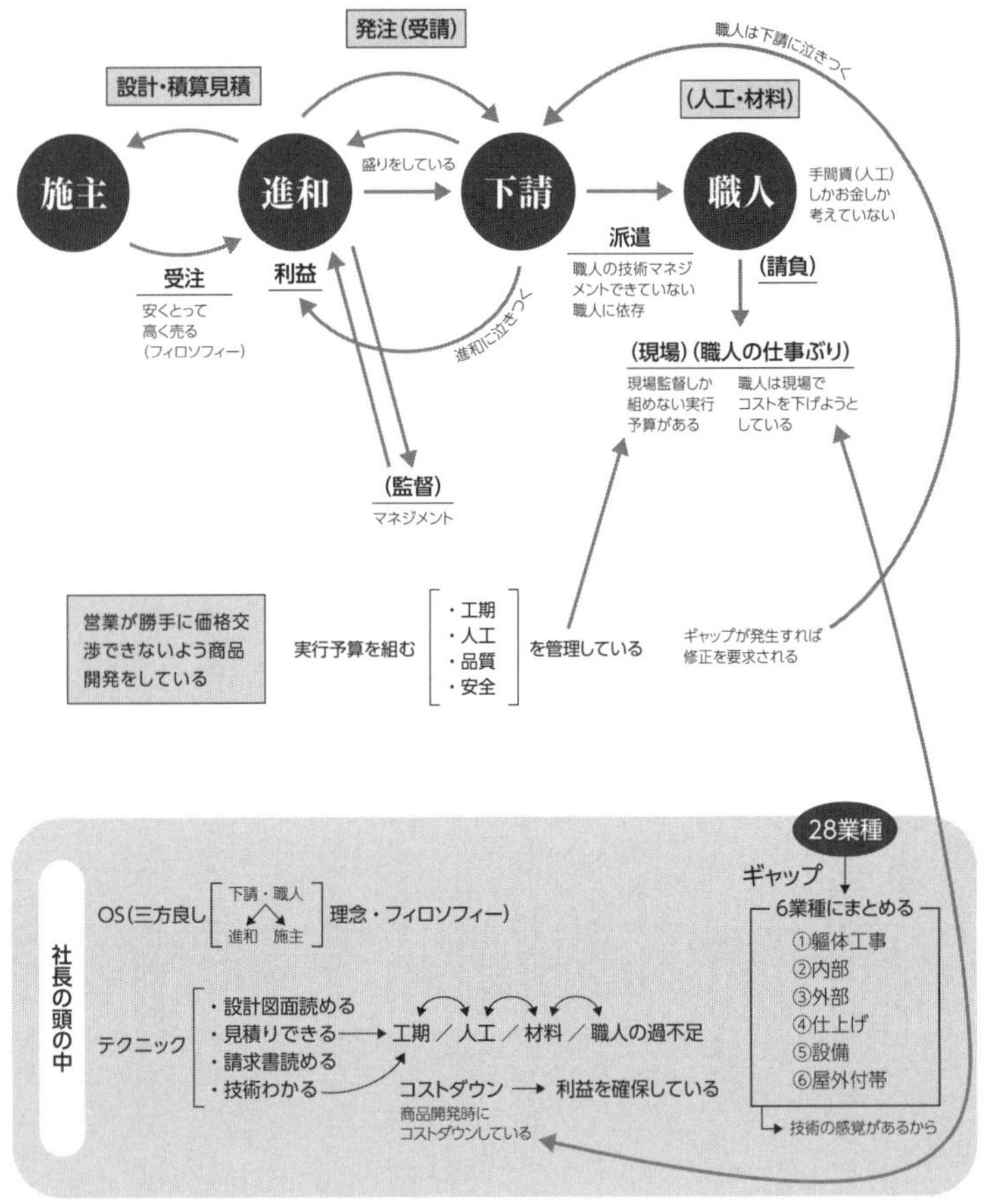

発注（受請）
設計・積算見積
職人は下請に泣きつく
（人工・材料）
施主
進和
盛りをしている
下請
職人
手間賃（人工）
しかお金しか
考えていない
派遣
職人の技術マネジ
メントできていない
職人に依存
受注
安くとって
高く売る
（フィロソフィー）
利益
進和に泣きつく
（請負）
（現場）（職人の仕事ぶり）
現場監督しか
組めない実行
予算がある
職人は現場で
コストを下げようと
している
（監督）
マネジメント
営業が勝手に価格交
渉できないよう商品
開発をしている
実行予算を組む
・工期
・人工
・品質
・安全
を管理している
ギャップが発生すれば
修正を要求される
社長の頭の中
OS（三方良し
下請・職人
進和　施主
理念・フィロソフィー）
テクニック
・設計図面読める
・見積りできる
・請求書読める
・技術わかる
工期／人工／材料／職人の過不足
コストダウン
利益を確保している
商品開発時に
コストダウンしている
28業種
ギャップ
6業種にまとめる
①躯体工事
②内部
③外部
④仕上げ
⑤設備
⑥屋外付帯
技術の感覚があるから

れた図面に基づいて見積もりをする」という一般的な請負案件の形を取りません。

病院の建物について徹底的な調査とシミュレーションを行い、「このような設計の建物が、患者さんにとっても医療従事者にとっても一番使いやすい」という最適解をわが社なりに導き出し、それを標準モデルとして規格化した商品を仮にでもつくってしまうのです。

そのモデルが受け入れられるか否かにかかわらず、徹底的な調査とシミュレーションから得た知見を、他の病院を建てる際にも活かすことができます。

たまたま巡ってきたチャンスをきっかけに、病院という新しいジャンルの商品が生まれ、後に営業をかけることができます。このように、一期一会を決して無駄にせず、さらに次へとつなげていくのがわが社のスタイルです。

❷ 主力商品「ローコストマンション」の進化の歴史

いよいよ、わが社の歴史を変えたローコストマンションについて紹介します。

この商品が生まれた理由はとてもシンプルで、社長としての私が行き詰まっていたことがきっかけです。元来、コミュニケーションが巧みではない私は、営業に回ってもはかばかしい成果を得られませんでした。

今、自分にできることを懸命にやろうとするものの、自分の力不足からまったく結果が出せないという挫折が続く中では、「もともと社長なんてする気はなかったのに……」と弱音を吐いた日も少なくありません。

それでもめげることなく、経営コンサルタントから経営の基本について学ぶなど、自分にできることを探してもがき続けるうちに、大きな転機が訪れます。

それは、経営コンサルタントに誘われて参加した、ある勉強会でした。

テーマは規格化されたローコストマンション建設で、敷地に対していかに効率的な図面を描き、コストダウンを図りながら品質を維持するかというものでした。私は大学では構造計算を専門に学び、技術者としてのスキルに自信を持っていたので、「これだ！　しかも自分ならもっと低コストで、しかも付加価値の高い建物をつくることができる！」と直感したのです。

土地オーナーが求めているのは、土地という資産の有効活用です。当然ながら低コストで建物を建てられれば家賃を下げることができ、借り主は喜んで入居してくれます。すると、常に満室の状況をつくり出せるだけでなく、オーナーの建築費負担も減らすことができ、入居者にも土地オーナーにもメリットがある商品が開発できると感じたのです。

それからの私は、自らの技術を活かし、例えば「鉄筋の量を適正化しながらも十分な強度を保つには？」といった、構造計算での効率化をとことんまで追求することに没頭しました。さらに、安価でデザイン性が高い部材を仕入れるための海外ルートを開拓したり、海外の建築現場に学び、工法のシステム化と設計の標準化によって作業性を高めるなど、コストダウンを実現するためのさまざまな工夫を形にしていったのです。

ようやく2年の歳月をかけて、従来より20%のコストダウンと10%のグレードアップを実現した、進和建設オリジナルのローコストマンションが完成しました。

この過程を通して、私の中では「絶対に会社を潰さない」という、強いけれど漠然とした念いが、「自らの強みを活かして建築技術を革新する」という、より具体的な形を持つようになったのです。

ところが、まだ苦難の道は続きます。

私自身はローコストマンションを開発した当時、「素晴らしいものができ上がった」と自信たっぷりに発表したにもかかわらず、その反響はあまり芳しくありませんでした。数字的にも思ったほどには売れていかなかったのです。

この予想外の結果を受け、私はその原因をとことん考え抜きました。それは「安ければそれだけで受注が取れるはず」と、安易に考えていたからです。

もちろん、私としては技術者として全身全霊の力を詰め込んで、大きくコストダウンできる設計のマンションを完成させることができました。ところが、そのこと自体で満足してしまい、「施主である土地オーナーには、従来の建物との価格比較できっと選んでもらえるはず」と勘違いをしていたのです。

実際は「低コストで建てられれば家賃を下げることができ、入居者にとってもメリットがあるはず」とは考えていたものの、結局のところ、施主にどう喜んでもらえるかしか考えられていなかったことに気づきました。私は「単にいいものをつくっただけじゃ売れない。何かを変えなければダメだ」と決心しました。

ここで、事業に対する考え方を変えたのです。

それまでは「技術者としてとにかくいいものをつくって、それを売るのは営業力」と、技術と営業を別々に考えていたのですが、その捉え方を一新しました。「商品を売って利益を出す」という事業や経営の全体像から考えたときに、その一部として商品や技術、さらに営業があるという考え方に変わっていきました。

その結果、「土地オーナーにとってのお客は入居者である」と視点に変化が出たのです。

それなら、入居者が喜ぶような、安さ以外の付加価値もついた商品を開発しないと売れるはずがない。そこに気づいた私は、入居者のニーズを吸い上げた商品をつくっていこうと決めました。

まずローコストマンションに〝安い〟以外の付加価値をプラスしてグレードアップを図りました。例えば、日本なら3万～5万円はする高級素材のため、そもそも建築に使うケースがあ

商品から見た全体像

商品=ローコストマンション(土地活用)

マンションという本流

グレードアップ

海外の良いものを安く購入し、差額の大きいものを使って利益を出す

↓

性能

光熱費⤵と家賃⤵

ex)省エネルギー
ドイツの断熱材

↓

デザイン

物件デザインコンペをする

↓

反映させて、総コストの10%をデザインにあてる

※間取りや性能は社長でコントロール

↓

間取り

廊下を減らして
住居部を広く
コミュニティをつくる

可変性

↓

カテゴリー

入居者を先に決める

↓

生活支援

居住者の生活サポート

まりないチーク材を使ったのです。

とはいえ、ローコストマンション自体を値上げするのでは意味がありません。私は材料を海外で調達することによって、仕入れの問題を解決させました。海外ならチーク材は1万円弱で購入できます。

その次に手がけたのが、機能強化型マンションの開発です。

具体的には、断熱性を高めて省エネを図ったり、ドアの蝶つがいや、取手を耐久性の高いものにして、防犯性を上げるなどの特長を持たせました。

さらには、デザイナーブームが起こったときには、デザインマンションを提案しました。デザイナーを多数集めてコンペを行い、お洒落でユニークなデザインのマンションを安価で提供できる仕組みをつくりました。

ほかにも、できるだけ廊下をなくし、居住スペースを広くすると同時に、間仕切りが自由にできる可変性のあるマンションや、ペットマンション、レディースマンションなどの、入居者を限定したカテゴリーマンションも開発したのです。

時代の流れにしっかり乗りながら、入居者、そしてオーナーにとって魅力的なマンションを次々に世に送り出し続けてきた結果、いずれも賞賛をもって受け入れられるヒット商品となったのです。

❸商品の構成要素

わが社は自らの強みである技術力を最大限に発揮し、ローコストマンションを独自性と競争力が非常に高い商品として完成させたことによって、大きく発展することができました。これからも、建物に限らず、新たな商品を開発していくことがさらなる成長発展のために求められています。

そこで、未来の新商品開発を進めていく際のベースとなる考え方を確認する意味で、わが社が「商品」をどのようなものとして捉えているかについて、ここであらためて整理しておきましょう。

まず、わが社のローコストマンションは、商品化された設計だけでなく、施工方法そのものを仕組み化し、さらに標準化したことによって、従来よりも短い納期で均質なクオリティの建物をつくれるようになりました。

現在、そのノウハウはわが社独自で、「わが社の現場監督が協力会社の作業者に対して指導を行う」という形で管理していますが、これは間違いなく、わが社が同業他社に対して優位性を発揮できるポイントです。

このノウハウは今のところ、わが社が施工する現場でしか使っていませんが、例えば将来的に、「同業他社に工法を指導する」というコンサルティング的な商品、つまり技術そのものを商品として提供し、対価をいただくといったことも考えられるかもしれません。

実際、わが社におけるサービス付き高齢者向け住宅（サ高住）をはじめとする介護施設の運営事業については、もともと施設の建築だけを請け負っていたのですが、運営までも自社で行えればブランド価値がさらに高まり、新たな施設建築の受注につながるという相乗効果も期待してサービスを提供するようになった経緯があります。

このように、「お客様のお役に立てることを追求していった結果、これまでわが社に存在しなかった商品やサービスが生まれていく」というケースも、今後次々に出てくるのではないかと考えています。

ローコストマンションがそうであったように、自社の得意なことが世の中の困っている誰かの手助けになるなら、それはモノではなくても、すべてが商品になりうると私は考えています。大事なことは「どんなモノや仕組みがあれば喜んでもらえるだろう?」と常に問い続ける姿勢です。

それではこの項目の最後に、私が考える「商品に必要な要件」を挙げておきます。これを、「商品」をまっさらな発想で捉え直す参考にしていただければ幸いです。

［商品を成り立たせるための要件］

1 機能（商品がもたらす働き）
2 構成要素／仕様書
3 名前（商品名）
4 単価
5 付帯条件→「こうなったらこうなります。条件や期限」
6 保証（機能保証と品質保証。アフターフォロー）
7 市場→環境／現在／未来
8 使い方（取扱説明書）
9 ニーズ→潜在／既存／見込み。「不」を考えている
10 デザイン→感性
11 モデリング
12 ブランド
13 売り方→売れることを先につくっておくこと
14 技術

15　自身／自社が誇りに思えること
16　理念／フィロソフィー
17　システム化できること（再現性／生産性／増延性）
18　交換↓価値の交換、想いの交換
19　選ばれること
20　すべてが幸せになること
21　時代／時流を受け入れること
22　勝手に売れる↓売ることを先に考える

なぜ商品についてこれだけ多くの要件が必要なのでしょうか？

それはとりもなおさず、私が前記の要件一つ一つについて、勉強を重ねると同時に、考えに考え続けてきたからにほかなりません。こうして商品をさまざまな角度から見たときに、それぞれの要素について満足度を高める工夫をすることが「売れる商品」に直結します。

今後も、お客様のニーズに合った、そしてあらゆる面から磨き上げられた新商品・新サービスをつくり上げていく所存です。

❹ローコストマンションが商品になった瞬間

(1)売るための武器を持つ

前項で、私がローコストマンションの開発に取り組んだきっかけから、その進化の歴史を紹介してきました。

ビジネスで戦うには、人にも企業にも〝武器〟が必要です。

社長を継いだばかりの頃には、その武器がなかったのです。利益が出る仕事を受注することができないという、会社としての存続の危機が続いていました。自分には、営業の技術だけで受注をガンガン取ってこられるような才能はありません。

その代わり、大学以降、仕事を始めてからも毎日夜遅くまで技術を学び、図面を描き続けた構造設計の知識や技術と、現場監督として人の何倍も現場に向き合い、鍛え上げてきた実績や経験という、誰にも負けない武器ならあります。

「この2つを活かして受注を取ることができないだろうか?」。問題の突破口を自分の得意不得意から客観的に分析したのです。

このようにして進むべき方向性が見えたタイミングで、運命的とも言えるローコストマンションとの出会いがあり、開発、発売へと至りました。

ところが、わが社独自のローコストマンションは、ご紹介したように、当初は思ったほどには売れていきませんでした。

なぜならこの段階では、まだ1人の技術者としてテクニックを突き詰めることが目的になってしまっていたからです。

しかし、思うように売れなかったことによって、〝売ること〟こそがゴールであるという気づきが生まれ、お客様であるオーナーや、さらにそのお客様である入居者のための視点が加わりました。

また同時に、「安くつくれるから安く売る」のではなく、「安くつくり、入居者やオーナーに満足いただける範囲内で最大限高く売る」ということが、事業としての目的であることも再確認しました。

このように、技術者としての立場から経営者としての立場で商品開発を考えるようになったとき、いわば製品に過ぎなかったローコストマンションは、商品へと生まれ変わったのだと言えます。

ちなみに、つくり手側の目線から買う側、さらに住む側の目線に立つことの必要性に気づいた私が変化させたのは、商品づくりにおける姿勢に留まりませんでした。

商品の本質という意味では、うちは商品イコール経営そのもので、それが利益の根源になっています。ということは、商品開発というのは、お客様の価値を上げるためにどうするかということがたぶん本質になっている。商品を売っているわけではないから、わが社から見た場合には、利益を確定するものが商品であり、お客から見た商品というのは、お客価値を上げるためのものになります。

だから、お客のニーズに応える商品をつくり、進和の商品ラインナップを企画していくことが大事になるのです。

これは時代に合わせて変化していかないといけません。

例えば、カテゴリーマンションがそうでしょう。ペットが好きな人はペットと共生できるマンションを求めるし、自転車愛好家は大事な自転車ための設備があるマンションを喜ぶでしょう。そういうカテゴリーマンションのお客様のニーズに合わせてうちのラインナップをつくっていけるはずです。

同時にマンションの部屋の価値が上がることで、お客様の資産の価値が上がるということになれば、結果的に進和は利益を余計にいただけるはずです。

つまり、商品はイコール利益そのものだと思っているのです。

それが利益の根源、確定なのです。これには知識の提供も含まれます。

わが社の主なお客様である地主が、資産活用の手段としてマンション経営を考える大きなきっかけとして、現金をマンションなどの不動産に換えて相続税を低く抑える〝相続税対策〟が挙げられます。

つまりお客様にとって、マンション建築は手段に過ぎず、本質的な悩みや望みは「どうすれば自身の資産を有効に活かせるか」という点にあります。

私はそのことに気づき、それ以後、彼らの本質的な悩みを解消するアドバイスができるようになるため、相続税対策について徹底的に学び、知識を深めました。

この努力によって、次のような二段構えの提案が可能になりました。

資産活用の手段の一つとして、マンション経営による相続税対策を提案する

↓

同じマンションを建てるのなら、建築費が安い上に高い入居率が見込める、投資効率の高いマンションほどメリットが大きいことを伝えて提案する

つまり、相続税対策という新たな武器を手に入れることによって、「お客様が本当に求めている提案」ができるようになったのです。

商品と事業の関係

商品 → 売れる → 利益が出る
(営業が下手だから、つくるもの・商品に注力した)

↓

「売ることを先に考える」
売ろうとする前に、商品とお客ニーズを理解する

売れるを科学する＝ビジネスモデルの構築

※ビジネスモデル：売り方の再現性を高める

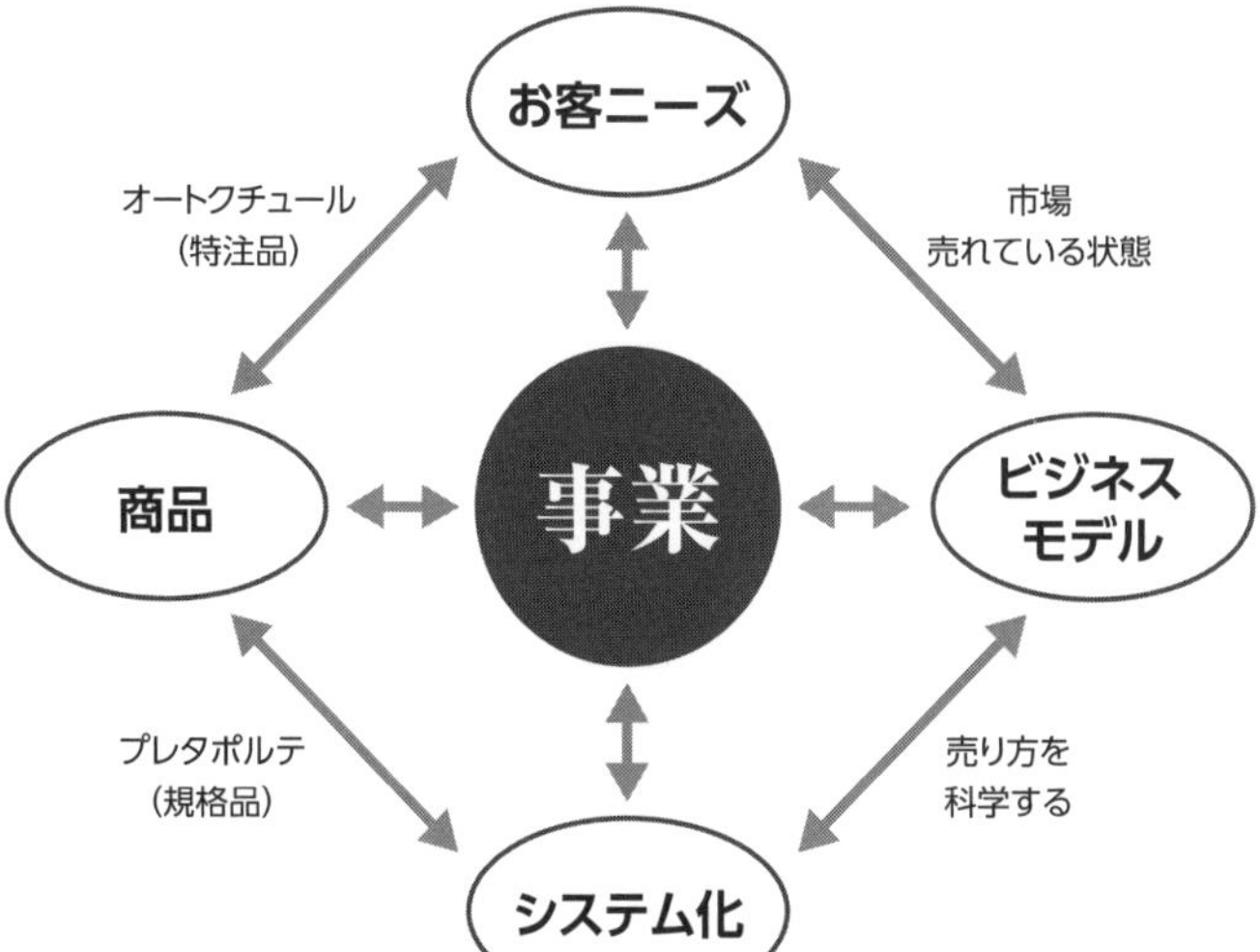

※システム化：利益の出し方の再現性を高める

商品開発の本質は進和である。世間一般と同じにしない

⑵ネットワークをつくる

私が営業活動を不得意にしていることはお話しました。

当時の進和建設には、営業専任の社員が存在せず、私1人で営業活動を行っていました。お客様にとって本当に魅力のある〝売れる商品〟はできましたが、私自身は営業が得意ではないという課題を依然として抱えていたのです。

それでも売上を上げていくためにどうすればいいかを考えた結果、次のような答えにたどり着いたのです。

ローコストマンションの販売当初は、私以外に営業専任の社員はいないものの、新たに営業の人材を正社員として雇うほどの余裕はない状況にありました。しかし、いい商品であれば、自社の営業ルートのみに宣伝を限る必要はありません。

そこで私は、不動産会社や銀行の営業担当者、税理士など、潜在顧客と接点のある人たちとつながりを持ち、社外に販売ネットワークを構築することを考えたのです。彼らに販売代理店機能を委託して、売ってもらったのです。

わが社のローコストマンションは、「建築費の安さ」や「入居者のニーズを満たした物件なので、高い入居率が見込めること」、また、それらによって「投資利回りが高いこと」など、他社がつくるマンションに対して十分な競争力を持った商品です。

そして、販売ネットワークの活動をバックアップするため、お客様にとってのメリットを簡潔にまとめて、セールストークを行いやすいように整理しました。営業時に相手がイメージを掴みやすいように商品カタログも作成したのです。

さらに、成約に至った場合のみ紹介料をお支払いする形を取ることで、固定費をかけずに販売ネットワークをつくり上げることができました。

お客様にメリットを伝えやすい商品として開発したことが功を奏し、こういう形で販売代理を担う彼らが進んでお客様に売ってくれる状況ができ上がったのです。

そもそも、わが社は協力会社を変えないというスタンスで活動しています。それができたのは、協力会社のニーズを満たしたからです。受注が安定していれば、職人を遊ばせておかなくていいし、定期的にお金をもらえるので助かるのです。

そこで、わが社は協力会社とは基本的に年間契約をしています。

建築業界で年間契約は、異例のやり方です。この業界では、業者の見積もりを「3社から取れ」と言われています。私は「相見積もり」は大嫌いです。3社から見積もりを取るやり方は、あくまでコストの問題だけであって、生産の部分を考えれば、同じ業者に取り組んでもらうほうが絶対にＷｉｎ－Ｗｉｎなのです。

同業他社と競争するときは、他社の商品よりグレードを上げる必要があります。一方でコストは下げないといけません。

その点、わが社は他社と違って、図面ができ上がってからコストの話にはならないのが強みです。協力会社と一緒につくっているからです。商品開発の段階から職人にも参加してもらい、彼らの意見を採り入れています。プランが固まってから「この値段で頼む」と言うよりも、作成段階で一緒にコストを下げる話し合いをしたほうが、彼らのやる気も違います。

そういう仕組みをつくっているので、協力会社は変えないのです。彼らには安定的にお金が入るし、お互いに利益を出すという前提で、コストを下げる過程にも協力してもらっています。開発から一気通貫の生産ラインを組み上げているので、協力会社が変わったら、そこが崩れてしまいます。これは協力会社にとっても同様で、長くつき合っているほうが、仕事の流れを飲み込みやすくなります。

私は協力会社との関係を深めるために『進和協栄会』を立ち上げました。

大きく3つの活動をしています。

1　経営についての勉強会
2　技術についての勉強会
3　クレームについての勉強会

協力事業者の経営状態を良くするように、決算書や与信管理についてや、世の中の流れについての勉強会を開いています。また技術の勉強会では、いかにコストを下げていくかを考えたり、生産性を上げるためのAIの活用などについて勉強しています。さらに、作業中の現場へのクレームなどについても勉強会を催しています。

そういう活動を協力会社と頻繁にやっていると、「普通は下請けと勉強会をしたりしませんよ」という人がいますが、私は彼らを〝下請け〟とは思っていません。協力業者の皆さんは、わが社の大事なパートナーなのです。

実は、仕事が忙しくなって現場が回らなくなったため、やむをえず新しい協力業者を増やした時期があります。すると、生産ラインの進行がガタガタになってしまいました。

普通の建築屋さんというのは、図面を見て仕事をしていくらという考え方をします。わが社の場合は、生産性を上げることを考え、1日に3万円を支払うためには、その日のノルマはここまでという数値のルールを決めています。

例えば、1㎡の単価が500円の仕事で3万円稼ぎたいのであれば、60㎡こなせばいいわけです。70㎡まで頑張れば3万5000円を支払います。

でも、そういう基本ルールが教育されていない職人が加わると、やり方も考え方も違うため

商品の考え方に関わる7つの構成要素

西田社長の「仕組み作り」の天才性

【モデリング→構造化する（本質を掴む）→仕組み化する（組み立てる）：地頭】

1. 経営指標の原理原則

※西田社長の財務の原理原則
・労働分配率　・人件費率
・事業用資産　・必要資本
・体質強度

3. 現場設計

※「読める」・「作れる」
※「人工の秘」を掴む
※技術のノウハウ

【現場設計を構成する要素】

1. 職人に見積りを一任していない。
　→チェックしている。
2. 「これでできる」と確定させている。
3. 仕様資材の組み立てができる。
4. 設備を設備会社や職人に任せない

コストダウンの仕組み

2. 積算見積り

※技術のノウハウ

4. 現場監督力

※工程管理力
→手順や天候の影響性
※40℃の時にはコンクリートを打たない。
※技術のノウハウ

西田社長の「商品」の考え方

【モデリング→構造化する（本質を掴む）→仕組み化する（組み立てる）：地頭】

7. 施主の言い分を言わせない提案

※「投資効果」と「出来栄え」を事前に示した。
※デザイン・間取り

商品＝顧客満足＝利益

※入居者満足
※入居率アップ
※施主の満足

5. 「商品プロトタイプ」づくり

※商品の原型づくり

6. 「商品の運営」

1㎡単位で設計と材料UPと1万円刻みにする
↓
「商品プロトタイプ」を基に「1種類ごとの建物ごと」に対応して建築積算ができるよう仕組み化した。

※西田社長の天才性は、「エンジニアリングの技術」
↓
エンジニアリングの技術の「源泉」とは、「仕組み化」「構造化」（物事の本質を読み組み立てる力）の技術

※エンジニアリングとは、
自然科学の応用分野の工学、自然科学の数字を、人間の役立つ実用的な分野（建築・設計、土木、機械、製造など）に応用したもの」

利益を確保する仕組み

【モデリング→因数分解する→再構築する（組み立てる）：地頭】

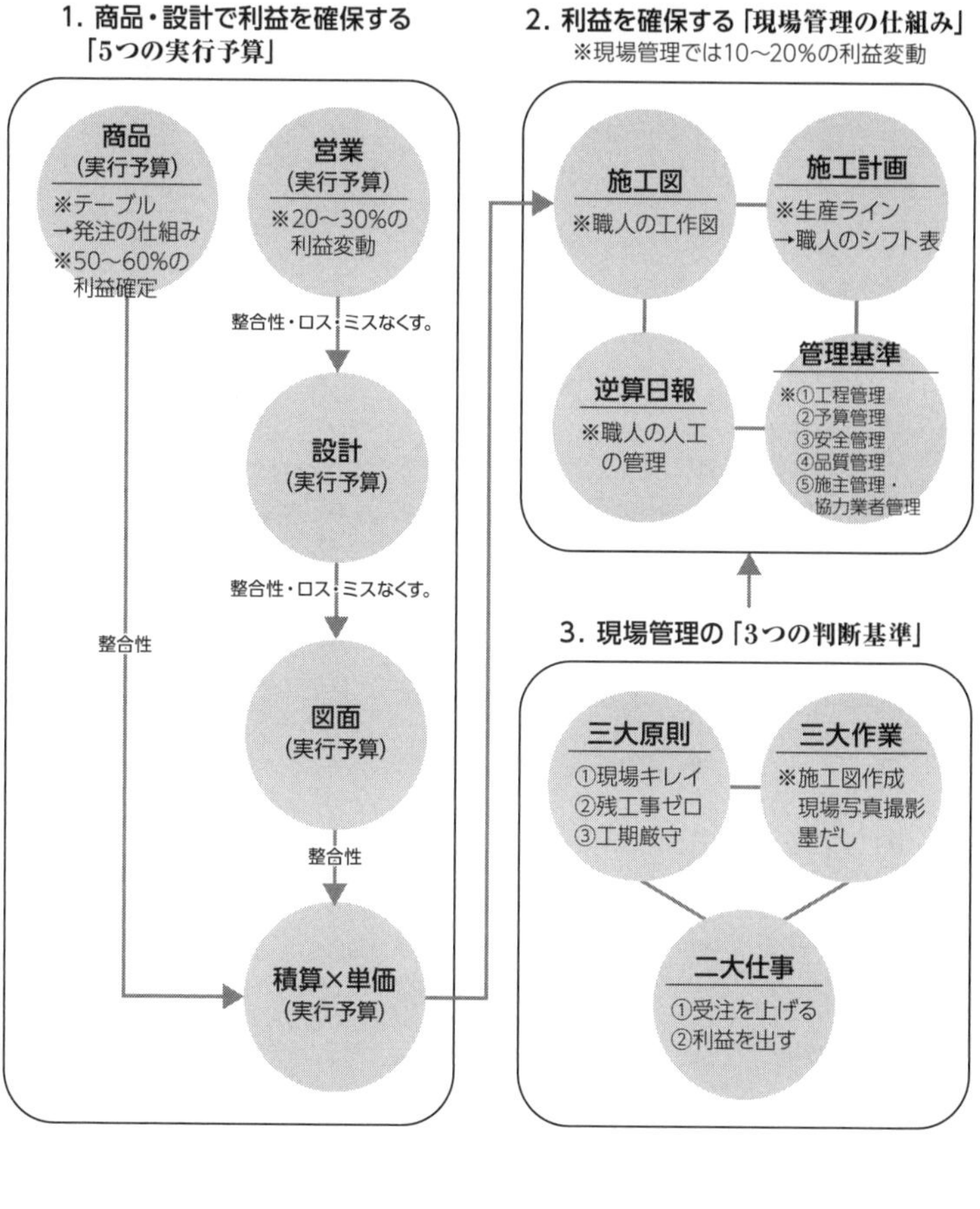
1. 商品・設計で利益を確保する「5つの実行予算」
商品（実行予算）
※テーブル→発注の仕組み
※50～60%の利益確定
営業（実行予算）
※20～30%の利益変動
整合性・ロス・ミスなくす。
設計（実行予算）
整合性・ロス・ミスなくす。
図面（実行予算）
整合性
整合性
積算×単価（実行予算）
2. 利益を確保する「現場管理の仕組み」
※現場管理では10～20%の利益変動
施工図
※職人の工作図
施工計画
※生産ライン→職人のシフト表
逆算日報
※職人の人工の管理
管理基準
※①工程管理 ②予算管理 ③安全管理 ④品質管理 ⑤施主管理・協力業者管理
3. 現場管理の「3つの判断基準」
三大原則
①現場キレイ
②残工事ゼロ
③工期厳守
三大作業
※施工図作成
現場写真撮影
墨だし
二大仕事
①受注を上げる
②利益を出す

に、現場に混乱や作業の遅滞が生じてしまいました。さらに、クオリティにも差が出てしまったのです。

その結果、既存の協力業者に新規業者の仕事の検査を依頼しなければいけなくなり、通常のわが社の基準ではOKにならないレベルの作業箇所も見つかりました。もし、そのまま修正なしで仕上げてしまったら、大変な事態になるところです。

そのとき、いつもお願いしている協力会社のありがたみをあらためて知りました。

3 技術の磨き方（独自技術）

わが社の利益の源泉は技術です。

主力商品であるローコストマンションは、デザインや機能が優れている点や、コンセプトのユニークさなどの付加価値も強みですが、何よりもわが社独自の生産システムによって「短工期かつローコストでつくること」が利益を生んでいます。

私はそれまで建築会社が積極的に関与してこなかった〝職人技〟の世界に、「合理化・システム化された工法」という仕組みを持ち込むことによって、わが社にも協力会社にもメリットのある現場環境をつくり出しました。

ただしそれは、最低限の利益を確保できる仕組みをつくったに過ぎません。

建築は人が手がける部分が大きい上、天候の影響も受けるので、実際に工事を進める上で当初の予定より費用がかさんでしまうケースは避けられないからです。

つまり、生産システムの効率化によって「建物が完成するまで利益が出るかどうかわからない」状況からは脱せたものの、そのシステムをスムーズに回せるかどうかによって、利益の大きさは変わることになります。

私は社長になるまで、もともと現場監督として働いていたので、現場に入る機会はとても多く、自分の目で協力会社の事業構造や施工の実態を把握していました。社長になった現在でも、頻繁に工事現場へ足を運んでいます。

現場監督には、ロスやミスをなくして可能な限り原価を下げ、利益を高める努力が求められますが、経営サイドとしてもそのバックアップは欠かしません。

技術の進化に「これで完璧」はありません。常に現状の工法をより合理的かつスピーディーに改善するためのヒントを見つけたいと考えています。

現状の工法に無理や無駄をなくすための改善を加えたり、業界で新しく開発された工法を取り入れたりすることによって、現場での作業性を高め、結果として建築に必要な原価を下げる取り組みになるのです。

建築素材や工作機械、そして加工の技術や工法は日々進化し続けています。それに伴って、現場の作業性を高めるための工夫にも終わりはないでしょう。わが社では、創意工夫を行い続けていますし、成長・発展・進化を目指しています。

もう一つ、わが社の生産システムの大きなポイントは、作業者自身が主体的に工法を工夫し、改善していく仕組みをシステムの中に組み込んだことです。

職人（作業者）を束ねる協力業者には、「この現場では、職人の延べ人数をこれだけに抑えてほしい。このようなやり方で作業を行えば、きっと実現できるはずだから」と要望を伝え、「もしもその人数でできなかったら、残りの人件費は進和で責任をもって負担する」と保証をします。

実際にその方法で工事を行い、結果的に職人の数が減ると、協力業者は利益の幅が大きくなり、その分、職人により多くの日当を支払うことができるようになります。

すると、協力業者も職人も、より多くの利益を出すため、さらに作業の進め方を改善しようと努力してくれるのです。もちろんそのためには、現場監督が作業の段取りをしっかりと組み、職人が仕事をやりやすい環境を整えるとともに、彼らが現場で迷わないよう、的確に作業の指示を行うことで、信頼を積み重ねていくことが欠かせません。

このように協力業者（作業者）と現場監督が一丸となり、お互いの創意工夫によってアップデートされていくわが社の生産システムは、時代が変わっても止まることなく進化していけるのです。

そして、この1人1人のアイデアが生産性アップにつながるシステムは、協力業者（作業者）や現場監督に働きがいややりがいをもたらすシステムでもあります。

現場で働くすべての人が、「現場をやっていて楽しい」「現場仕事に携われて良かった」と思えるような仕組みを守りつつ、さらに向上させていきます。

4　生産管理・品質管理・原価管理

わが社のローコストマンションが成功できたポイントは、マンション建設に関するあらゆる要素を仕組み化したことにあります。

これには、以下の2つの理由が挙げられます。

1　私が建築図面を引くことができる技術と、それに必要な建築資材の知識を持っていたこと

2　私が監督としての現場経験が長く、協力会社の内情や作業について精通していたこと

そして、パートナーである協力業者に利益が出るようにとことん考え抜き、実際の現場でともに実践してしていき、確実に利益が出る仕組みをつくり上げていきました。

さらに、協力業者の経営が良くなるように、さまざまな情報を伝えていき、進和協栄会という協力業者の会を結成したのです。

時には、お酒を酌み交わしながら、建築に対する想いを語り合ったり、思いっきり遊んだりして、協力業者と一致団結するような関係性をつくり上げていったからこそ、こういうことが実現できたのです。

それに加えて、競争力のある商品には利益構造の確立が欠かせませんが、わが社のローコストマンションがどのような点で利益を確定させることができているのかを参考までにご紹介していきましょう。

A タイプごとにある程度の価格帯が設定されているため、安売りによる利益損失は起こりにくい

従来の慣習のように、営業部員が利幅を下げてまで受注を確保するケースが発生しにくい特徴があります。

B　施主の要望を最小限に抑える提案ができる

施主が技術的に難しい要望を出した場合、工事費用が上がることに営業部員が気づかず、それを施主に伝えないまま受注してしまうと大変です。利益を削って要望をかなえるハメになりかねません。

しかし高いデザイン性や間取りと、収益性の高さという魅力を持った商品なので、その魅力をキチンと伝えて理解してもらい、標準仕様で受注することが可能です。

C　協力会社ごとに、材料の仕入れ値や、作業員に支払っている工賃も把握しており、根拠と裏づけをもとに、過去の成功体験に基づいた信頼関係が構築されていて、協力業者自体が肌感覚として自分たちの利益がわかるので、こちらの言い値で発注金額が決まるケースが多い

わが社は協力会社に材料費と工賃（人工代）を支払い、協力会社は材料を購入して現場で組み立てや加工、取りつけなどの作業を行うシステムです。

これまでの取引で蓄積してきた数量や単価のデータによって、協力会社の材料費と工賃（人工代）の原価を把握できているため、そこに公正な利益を乗せた適正価格で発注することができます。

また、使用する資材や設備についても、自ら決定していくための知見やノウハウ、情報源があるので、予算の変動などの不確定要素を可能な限り省いて発注できます。

D　作業員1人あたりの作業性（1日あたりの作業量）について、現場で集めたバックデータを持っているので、工事に取りかかる前に、職人の総人工数を確定する『逆算日報』で1日ごとの人工数の管理を徹底して行い、記録を取り続けることにより、ほぼ誤差なく工程管理と原価管理ができる

かつて、協力会社とともに現場で集めた作業性データのバックデータの蓄積をもとに、正確な工程管理と原価管理ができます。

E　私が現場監督をしていた際に編み出した、作業の効率化によって生産性を追求した現場管理手法をさらにシステム化して導入しているため、誰が監督になっても一定以上のクオリティを保てる

わが社では現場を通常の工程管理の手法ではなく、製造業の工場での生産管理のように、「いくつかの工程をまとまった1つのライン」として管理しています。例えば、1ラインを「杭工事・基礎工事」などとして、合計9つのラインに分けて作業性を管理するやり方です。

生産ライン、さらには複数の現場を1棟の現場に見立てて工程管理を行うことにより、現場監督と職人の作業の効率化を行っています。そして、進和の全現場に関わる職人別の工程表をつくっています。

さらには複数の現場を同時進行で指示するために、前日までに複数の現場の施工図を協力業者が施工できるレベルに仕上げてFAXを流し、当日の早朝に電話で現場指示を出しています。そのシステムを使えば、予定通りに工程を管理することが可能です。

これらは、私が現場監督時代に創意工夫してつくり上げたさまざまな現場管理の仕組みを標準化したものです。

F　階数やフロアごとの部屋数など、あらゆる条件を入れ替えるだけで瞬時に建築積算ができるシステムを構築（建築の運営）している

規格化された商品とはいっても、土地の広さや形などによって細かな仕様は現場ごとに変わってきます。

これに対し、1㎡単位1万円刻みでその違いを反映させられるさまざまなパターンの変数を設定した積算システムを構築しました。

基本積算仕様とさまざまな図面パターン（階数、中廊下・外廊下、バルコニーや廊下など共

用部分の比率など）の変数を設定することにより、条件を入れ替えるだけで、どんなプラン（図面）でも正確な積算を短時間で行うことが可能になったのです。

私がローコストマンションを売り出した当時は、日本の建設業界において、生産性向上という概念が現在ほど意識されていなかったため、製造業のような考え方を工事現場に持ち込み、それを普及・徹底させていく努力が必要でした。

やはり、どれだけ素晴らしいシステムを構築しても、現場が回していけなければ、クオリティの高い建物を速く安くつくることはできません。現場作業を行う協力業者を巻き込み、団結力の高いコミュニティをつくり上げることを忘れてはいけないのです。

5 顧客との関係

企業活動は、顧客との良好な関係を築くことに尽きますが、よく進和を知らない人にいきなり高額のマンションを購入してもらうのは難しい話です。

私は、基本的に進和を知っている人の仕事しかしません。もし紹介者が進和のことを知らない場合は、その人からの仕事の紹介は断るようにと社員の皆さんには指導しています。

お客様との信頼関係は丁寧に積み上げなければ築けません。

そこで、まずわが社に興味を持ってもらうきっかけとして活用しているのは、資産運用に関する有益な情報です。

例えば、土地や建物に関する法改正に伴って必要になる対応や、相続対策をはじめとする税金対策、マンション経営をされている方に向けた空室対策、これからのマンション経営におけるトレンドなどの情報をいち早く発信しています。

こうした、土地オーナーが興味を持ちそうな情報を集めた『進和の神話』という無料情報誌を定期的に届けたり、これらの情報をさらに詳しく紹介する無料セミナーを開催したりといった地道なアプローチを積み重ねています。

それは、「資産のことで何か相談したいことがあるときは、進和建設が力になってくれそうだ」というイメージを持ってもらうように、わが社のファンを増やしていく活動です。

もし、お客様からお問い合わせをもらえば、営業マンが伺って具体的に相談に乗らせていただきます。

もちろん、その中でわが社のマンションに興味を持っている方には、次のステップで、例えばマンションの現物を見学していただくなど、契約に向けて前向きに話を進めさせていただくのです。

しかし、わが社と顧客との関係は、商品の売買に限りません。だから、場合によっては、マンション経営以外の方法による資産活用を提案するケースもあります。お客様にとってマンションはあくまで手段に過ぎず、わが社がパートナーとして目指すべきゴールは、相手の資産が現状より少しでも良い状態になることだと考えているからです。

相手の資産状況などを聞いた結果、客観的に判断し、マンションを建てることよりもメリットの大きい方法がある場合は、そうした提案やアドバイスをするように心がけています。

建設会社であるわが社としては、投資利回りが良く、入居者や近隣住民の方からも評判の良いマンションを建てることや、建てた後の親身なサポートでオーナーの役に立つことが大切なのはもちろんです。しかし、まずは自社の立場を離れてでも相手の立場に寄り添うことが、お客様から本当に信頼され、頼ってもらう存在になるために必要な姿勢なのだと考えています。

6 受注と集客（顧客ダム）

私は「顧客ダム」という考え方をしています。満々と水を蓄えたダムを建設して、余裕のある経営をしたいのです。これは松下幸之助さんの哲学でもあります。

私のやり方を説明します。

まずはターゲット客を見込み客に変える。次に、フォローする。この状態がダムになります。それからクロージングし、顧客化するのです。

この4ステップで初めて顧客になってもらっています。

私は、お客様を集めてから受注しようというスタンスです。それが「顧客ダム」という考え方です。まずダムにお客様を集めて、その後でこの立地でこういう建物を建てますという案件を見せて、購買者を募る。たとえは悪いですが、手当たり次第に歩いている人をナンパするような営業はしないのです。

飛び込み営業というのは、誰でもいいというイメージを与えてしまいます。人を集めたかったら、相手が集まってくるような魅力的なモノを置いておけばいいのです。

そもそも、わが社の基幹事業である建築事業は、設計や建築の実作業に数十ヶ月の時間を要します。受注してから売上が計上される竣工までは約2年、大規模な物件では3年かかることも珍しくありません。

そのため、常に数年先を見据えて営業活動を行っているのですが、何しろ1棟の建築費が数億円単位でかかる商品ですから、毎月同じようなペースで売れていくということはなかなか難しい現実があります。

そこで、事業特性として受注に波ができやすいという制約がある中、それでも安定した経営を行っていくためには、受注のストック（わが社では「受注のダム」と呼んでいます）をつくっているのです。

この受注のダムをつくるためには、顧客のダム、つまり将来的に顧客になりそうな土地オーナーの方をどれだけ大勢囲い込むことができるかがポイントになります。

そこで、さまざまな機会を利用して、わが社にポジティブなイメージを持っていただき、言うなればファンになっていただくためのアプローチを行っています。

今後も、役に立つ、本当に欲しい情報や提案を届けることによって、たくさんの方にわが社のファンになっていただき、受注のダム、顧客のダムをつくっていきます。

7 ブランド力の高め方

わが社のような中小企業は、いくら良い商品をつくっても、大手メーカーに知名度で負ける部分があります。建築業界において、積水ハウスやダイワハウスなどの大手住宅メーカーに比べると、知名度は必然的に劣ります。

それでは悔しいので、私はブランディングに力を入れています。

本来、ブランディングというのは顧客価値の追求にほかなりませんが、話題性や知名度につながる活動も必要だと考えています。

例えば、マンションの新築や大規模修繕を考えている方から問い合わせをいただこうと思うのなら、わが社の存在はもちろん、わが社の強みや特徴、さらにわが社の社会貢献に対する姿勢といった複合的なイメージ、それもポジティブなイメージが、常に皆さんの頭の中に形成されているような状況をつくっていく必要があります。

そこで、わが社では現在、次のようなさまざまな取り組みを企画し、実施するとともに、メディアを通し、積極的に世の中へ向けて発信しています。

●SHINWA ZOO PROJECT

私は、子どもたちにも親しみやすい進和でありたいと願っています。

だから、クレーンやユンボなどの建設重機に動物のペイントを施したり、現場の仮囲いにジャングルの絵や動物のシルエットを描くなど、工事現場を動物園に仕立てるイベントを開催しています。

休日には近隣に住む子どもたちを現場内に招き、ペンキ塗りや電気配線を体験してもらったり、ユンボに試乗してもらうなどして、建築の仕事に親しんでもらっています。

これらは、子どもたちから見た建築業が「楽しい仕事」「かっこいい仕事」であってほしいとの願いを込めて企画しました。ゆくゆくは、わが社だけではなく、建築業界全般に対する世の中のイメージを変えていきたいと考えています。

◉就活志塾

わが社は若い人に働く魅力を伝える活動にも注力しています。

特に『就活志塾』は、就職活動を見据えた大学生を対象に、個人として人生の目的や将来のビジョンを持つことの大切さ、言い換えれば進和イズムを紹介し、実践するためのきっかけを提供する場としています。ほぼ月に1回のペースで、年間12回ほど実施しています。

自分なりのしっかりとした軸を持つことで、後悔のない、納得のいく仕事選びや会社選びをしてほしいとの願いからスタートさせました。

もともとリクルート目的とは関係なく、純粋なボランティアで始めた講義ですが、塾の参加者が卒業後、わが社に入社してくれる嬉しいケースも増えてきています。

◉ファッションを介してのブランディング

わが社の作業着は機能だけでなく、ファッション性も重視しています。

「世紀をまたいで愛され続ける新しい価値や、ワクワクを生み出す会社」というわが社のブランドイメージや世界観を、現場の作業用ユニフォームや内勤女性用ユニフォームのデザインに落とし込んで表現しているのです。

従来の現場作業着のイメージを一新する斬新なデザインのユニフォームは、メディアにも大きく取り上げられました。また、期初の経営方針発表会でユニフォームのファッションショーを実施するなど、こうしたイメージ戦略を世間に向けて継続的に発信していく取り組みにも力を入れています。

わが社は地元密着の小規模な建設会社だからこそ、ブランド価値を高めることでファンを増やしていくことが重要だと考えています。

例えば、工事現場を動物園のように変えたり、ファッションショーを行うなどは、なかなか他の建設会社からは出てこないユニークなアイデアだと自負しています。

そういった目立つ活動以外にも、例えば社員の人間性やスキル、そして組織が醸し出す雰囲気などもブランドを形づくる要素となると考えています。

すべての面において、わが社のブランド価値を磨き上げ、世の中に伝えていくことで、ますますその価値を高めていくつもりです。

第3章

社長の経営

1　事業発展計画書・グランドデザイン

❶事業発展計画書は経営者の念い

あなたには自分の会社の10年後のビジョンがありますか？　漠然としたイメージだけではダメです。私は定期的にわが社の未来を明確な形にして、全社員に公開しています。

事業発展計画書がそれにあたります。毎年、100ページ以上にわたるボリュームの資料を作成しているのです。この事業発展計画書は年に1回、全社員を集めた方針発表会において公開します。これを見れば、今後の会社がどんなグランドデザインやビジョンを掲げ、どこを目指して、どのように進んでいくのかを共有することができるのです。

大まかに言えば、この計画書は次の3つの要素で構成されています。

- **10年後のあるべき会社の状態を示した「グランドデザイン（10年構想）」**
- **3年後のあるべき状態とそこへ向かう道筋を示した「中期ビジョン・中期経営計画」**
- **今期1年間の会社の進み方を記した「年度計画」**

グランドデザイン・中期ビジョン・年度計画

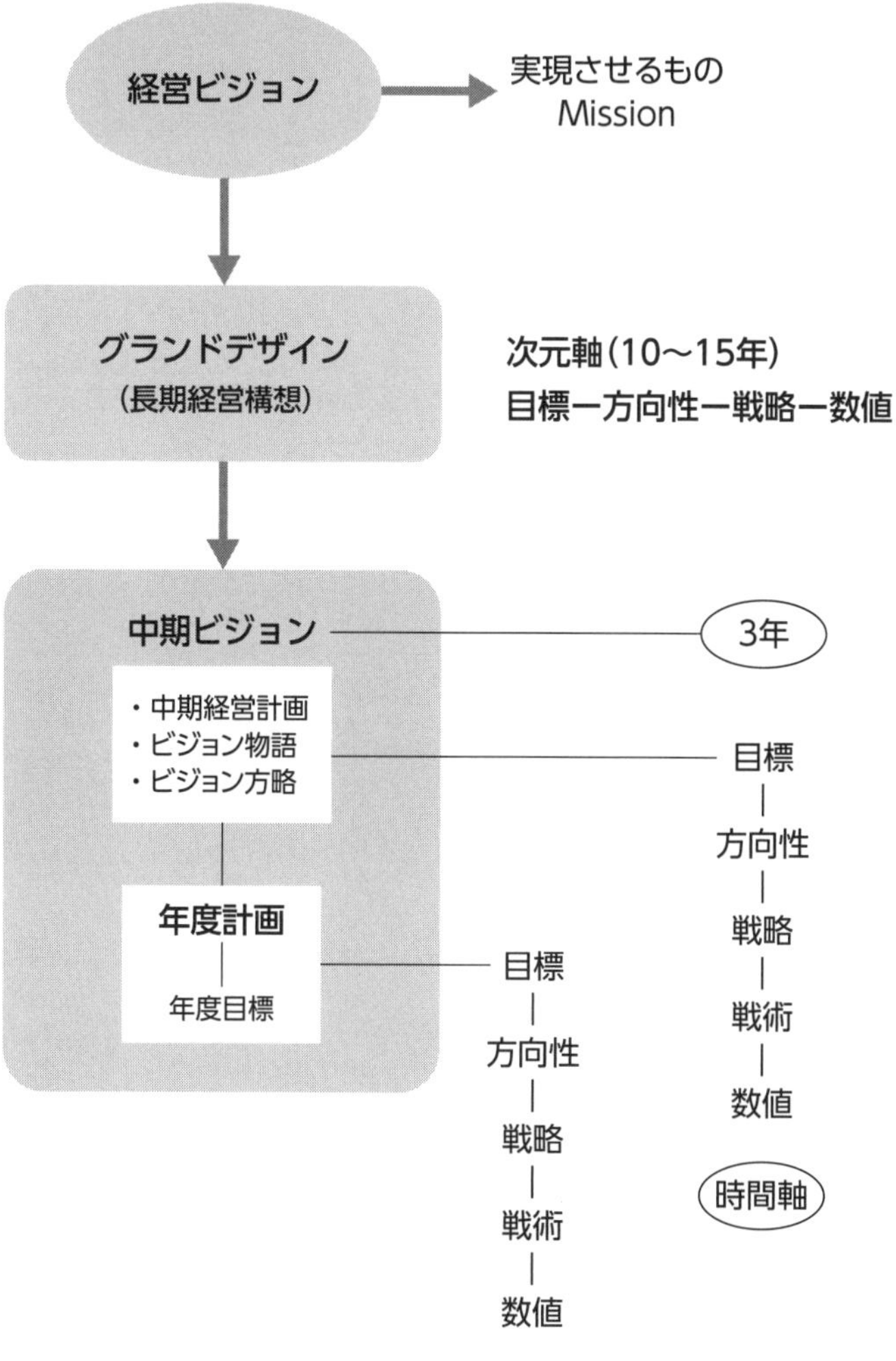

経営ビジョン
実現させるもの
Mission
グランドデザイン
(長期経営構想)
次元軸(10〜15年)
目標ー方向性ー戦略ー数値
中期ビジョン
3年
・中期経営計画
・ビジョン物語
・ビジョン方略
目標
方向性
戦略
戦術
数値
時間軸
年度計画
年度目標
目標
方向性
戦略
戦術
数値

基本的には、長期スパンでの大きな方向性であるグランドデザインを確定させるのが目的になります。そこから逆算して、中期ビジョン・中期経営計画、さらに年度計画へとだんだんと落とし込んでいくイメージです。

このグランドデザインに関しては、私が1人でつくり上げる形を取っています。なぜなら、グランドデザインは経営者である私の心の奥底にある念いによる産物だからです。会社の未来をこうしていきたいという経営ビジョンを見出して進化させ、鮮明で明確なグランドデザインを思い描きます。そして、具体的で明確な中期経営計画や年度計画に落とし込んでいくのです。

❷あるべき未来像を示すグランドデザイン

事業発展計画書における、すべてのスタート地点になるのがグランドデザインだと説明しました。くり返しになりますが、ここで客観的に未来を見据えながら、どれだけ魅力的な未来像を描けるかによって、基本理念・経営理念から生み出された経営ビジョン（進和グループの真のあるべき姿）を実現できるかどうかが決まってくると言えます。

では、そもそものグランドデザインを私がどう描き出すかを紹介します。

グランドデザインの核になるのは、ここまで何度も出てきた経営者としての理念（基本理念や経営理念）や経営ビジョンです。

私の場合なら、この理念にあたるのはパーソナルな経験から出てきた「会社を潰さない」、そして「社員を幸せにする」という断固たる決意と決断、さらに自身の天命である「建築技術革新者として建築技術の進歩・発展に貢献したい」という念いなどです。

次に経営ビジョンとは、事業を通じて社会にどんな形で貢献したいか、どんな世界をつくりたいのかという理想像のことです。経営ビジョンは経営者の夢とも言えるものなので、企業の規模が大きくなったり、新たな事業展開が広がったり、経営者自身が成長したりすることによってどんどん広がり続け、進化し続けていきます。

わが社は、戸建て注文建築、賃貸マンション建築、新築大家、賃貸のリフォーム、一般建築などで経営してきました。ゆえに、当初は建築を軸とした「品質と価値の高い建物をつくること」に軸足を置いた経営ビジョンを描いていたのです。

しかし現在では、病院や工場などの建設を手がけたり、土地活用コンサルティングやサービス付き高齢者向け住宅の運営など、建築の枠を外れた事業もラインナップに加わっています。そういった社会に対する貢献の幅の拡大に伴って、経営ビジョンも「街づくり」や「ライフスタイルを豊かにするお手伝い」にまで重心を広げた形に進化してきています。

そんな理想の未来の状態・イメージである経営ビジョンを実現するために、事業としての具体的な活動に落とし込んでいく道しるべになるのが「グランドデザイン」です。

具体的には、現在の「建築×運営を軸とした街づくり事業」を押し進めつつ、リノベーションを中心とした再生ビジネスをコア事業とするべく強化する方針です。また、海外展開やフランチャイズ展開などの多角化も進めながら、100年企業を目指していきます。

こうした未来の望ましい状態・イメージや方向性に加え、その構想を実際に形にしていくためのよりどころとなる具体的な戦略（誰が・いつまでに・何をするのか）まで具体的に落とし込むことがポイントです。

例えば、10年後に従業員が何人になっているかという組織体制や、売上目標、利益目標など、すべて具体的な数値を想定し、入れ込んで作成します。また、10年後の世界や業界がどうなっているのかという視点を踏まえることも重要です。

決して楽観的に発想してはいけません。シビアに現実を見つめ、リアルな未来を想定しなければ意味がないのです。私は建築業界の景気が冷え込んだり、マンションをはじめとする住宅へのニーズが今後徐々に先細っていくことなどを予想した上で、「その中で生き残り、成長していくためにどんな戦略を取るべきか」を考え、例えば「エリアを拡大する」「海外へ進出する」「今までのお客様に他の商品を提供する」「お客様に関連する川上から川下への事業を展開する」「ストック事業を行う」「FCを行う」「M&Aで事業を拡大する」などの方向性を打ち出していきます。

すべては社員の物心両面の幸せのために事業を拡大するのです。

このグランドデザインをベースに、それをどう実現させていくかをさらに具体化させていったものが、3年後の未来に向けた「中期ビジョン・中期経営計画（中期ビジョンに事業計画を加えたもの）」、1年後の未来に向けた「年度計画」になります。

ちなみに売上目標の場合、単に達成を目指す数値を決めるだけではありません。経営者の仕事は、いわゆるノルマを決めることではなく、目標数値を達成するための具体的で明確な方針や戦略を示すことです。言い換えると、利益を出すための仕組みやビジネスモデルをつくり上げることと考えています。

今期の動き方を決める年度計画については、目標とともに「どのエリアの・どんなお客様に対して・どんな商品に重点を置いて営業をかけていくか」といった、非常に具体的な行動計画もセットにして共有します。

事業発展計画書作成のポイントは、今できることを積み上げて10年後の姿を描くのではなく、まずは経営者として目指す未来像、自身が望む理想の状態を思い描き、鮮明なイメージとして確定させることです。

そして、それを実現するためにはどうすればいいのかを逆算して緻密なシミュレーションを行い、具体的で明確に考え抜くのです。

これが、経営を行う上でわが社の根本にある考え方です。

グランドデザインとは、社員に向かって「この方向で、こうやって私についてきてください！」という経営者の公約のようなものだと思っています。だからこそ、自分の念いから壮大なビジョンを描き、会社として何を行い、どんな方向へ進もうとしているかをハッキリ示すことが大切だと考えます。

❸なぜ数値に落とし込むことが大切か

「1年後ならまだしも、3年後、10年後の計画にまで数値を入れるのは難しい」と感じる方がいるかもしれません。

それでも、頑張って事業計画発展書には数値を入れてください。

何度か申し上げていますが、私が物事に取り組む際に大事にしているのは、「未来を確定させる」という概念です。あるべき姿のイメージを確定させずに手をつけることはしません。何かを成し遂げる前には、必ず鮮明なイメージを確定させてから進めていきます。

当然、未来のイメージを確定させるためには、さまざまな角度から情報収集を行い、緻密にシミュレーションし続け、徹底的に仮説を立てて、こうなるだろうと自分で確信を抱けるようにして、自分の未来予想を揺るがないところまで持っていくのです。

だからこそ、事業発展計画書の作成にあたっては、目指すべき姿（グランドデザイン・中期ビジョン）や進むべき方向性や具体的な達成のための戦略だけでなく、計画達成後の状態を具体的に「数値化すること」を重要視しています。

これは、社員教育にも用いています。彼ら1人1人が望ましい未来を確実に実現させる予想を実践させています。自分で未来を確定させられる社員をつくるためです。

そのため、私が作成した年度計画をもとに、各社員が1年後の目標・方針（方向性）・計画（戦略や行動計画）を確定させたものを「個人の方針書」として作成してもらっています。これは目指すだけの単なる目標ではありません。わが社ではあえて到達が難しいような高い目標を設定するようにしています。

高い目標を確定して挑戦してもらうので、最初に私が説明した際には、「そんなの不可能だ！」と社員から大きな反発を招きました。でも、普通の頑張りで達成できるような低い目標を掲げていては成長は見込めません。

私が実践している頭の使い方を学び、人生や仕事で成功するための原理原則と定石、具体的な手法を用いれば、今は無理だと思っている数値だってクリアできるのです。私は社員に本気で仕事に取り組んでほしい。大きな目標に全力でぶつかってもらいたいのです。

漠然と「目標を達成できればいいな」と考えているレベルでは、何の気づきも生まれません。本気で目標を達成しようと思えば、社内や業界、お客様など、関係するあらゆる情報を調べ、数字的な裏づけも取る必要があります。また、「この時期にはこういう取り組みをして……」と、綿密なシミュレーションを行うことも必要になります。

要するに、未来のビジョンや目標が達成した状態をより鮮明に具体的で明確にイメージすればするほど、取るべき行動も明確になり、「望ましい未来」の実現可能性が高まるのです。そのためにビジョンを鮮明にイメージし、高い目標を立て計画を立て、実践してもらいます。この実践を積み重ねることで未来を確定させ、具体的な数値を立てるという器（思考回路）をつくることができるわけです。

導入当初は猛反発を食らいましたが、現在ではわが社の当たり前の文化として定着していきます。社内では「数値で表せない計画には意味がない」という信念のもと、自分の目標は非常に細かいところまで計算し、数値化しています。

真に重要な目的は、社員1人1人が潜在能力を最大限に発揮し、常に創意工夫を行い、成長・発展・進化をし続けることです。そして、会社のビジョンと自分のビジョンを実現させていくことです。高く具体的な目標とは、ビジョンを実現するための通過点に過ぎないのです。

2 組織の方向性

組織とひとくくりで呼ばれますが、組織とは社員1人1人の集合体です。

先述したように、わが社では、従業員1人1人が人生において自分の成し遂げたい人生目標を持ち、それぞれの個性や主張を活かしながら、一方では仕事を通して会社としての理念が表現されることが理想だと考えています。

では、その組織を束ねるためには何が必要でしょうか？

私は別々の考えを持つ個人を束ね、会社として到達したい未来へ一丸となって進むために、強い求心力、みんなが共感できるような魅力やパワーを持った、道しるべのような存在が必要だと考えます。それにあたるのが、会社や組織として大切にしている考え方や理念、さらに組織として進むビジョン・方向性やそのための具体戦略です。

これらは毎年発表される事業発展計画書に必ず記載され、全従業員への共有が図られると説明しました。ここで経営者に求められるのは、会社の未来をどれだけ具体的に、明確に、より鮮明なビジョンとして構築し、従業員がイメージできる言葉に落とし込めるか。そして、経営理念を明確かつ深化させながら示し、やはり従業員の共感を引き出せるような熱を伴って伝えられるかです。

なぜなら、その伝え方次第で従業員の心に火をつけ、「自分も進和建設の一員として、この夢を実現させたい」と感じさせられるかどうかが決まるからです。わが社の場合、会社の未来像については「ビジョン物語」という読み物の形に編集し、よりイメージしやすくするような工夫も行っています。

ちなみに、同じ組織であっても、利害対立は生まれるものです。

わが社で言えば、営業部と建設部という、機能で分けられた組織があります。彼らが、それぞれの立場からしか物事が見えていないと、対立が勃発するのです。

例えば、営業部は「お客様のためになるので、○○もつくってほしい」と言い、建設部は「それは当初の予定にない作業になるから、追加でお金を支払ってもらわないとできない」と主張します。

どちらの意見に理があるかは、ケースバイケースになりますが、いずれにせよ、組織内で深刻な対立を引き起こすのは問題です。まずは、お互いの組織文化を知ろうと努めたり、「部署や立場は違っても、相手も自分同様に、こういうものの見方、考え方、捉え方を大事にしているんだから」という部分で理解・共感してほしいと思っています。

だからこそ、わが社では向かうべき方向性と達成すべき目標に関して、できる限り具体化して全員が共有することをルール化しているのです。

私は社員をともに目標を達成するための〝同志〟だと捉えていますし、事業発展計画書の年度計画については、社長と社員が一丸となって達成し、組織の団結を強めるものだと考えています。

3 人材の採用と育成

●理念に共感してくれる人材を積極的に採用

会社を支えてくれる社員をどう育成するかは、大事な課題です。

そもそもどんな人材を採るべきかなのですが、私の考える人材採用はあくまでも未来に対しての採用です。欠員が出て埋めるためという場合でも、私の頭の中にはこの人物を会社に入れた後の未来のイメージが常にあります。そのために事業計画発展書を明確につくっているのです。そこには従業員の採用計画も含まれています。今から5年後の会社を思い描いて、そこにリンクできる人材を3年前の時点で採用しなければなりません。

社員像に関しても、5年後の会社にはどんな社員が求められるかを明確に示してあります。

となれば、今いる社員を理想に向けて5年間かけて教育する必要があるのです。そう成長してくれる人を採用するのです。

単に事業の運営に必要な人数を補充するような考え方では、会社も個人も発展していきません。これからは会社の価値観や理念に共感して、ビジョンを共有できるような人間力の高い人を採用する時代になるでしょう。私は採用担当者に対して、持っているスキルは大事だけれど、価値観がマッチする人や、高い目標へのモチベーションがある人、現状打破する行動力のある人を採用してほしいと言っています。

そこでわが社では2004年から新卒採用において、他に類を見ない「理念体感型採用」を導入しています。これはわが社の理念に心から共感し、ビジョンを共有できる人に入社してもらいたいとの考えから生まれた採用スタイルです。

インターンシップや就活志塾などのイベントも積極的に活用して、わが社にマッチする人材を約1年間かけてじっくり選考していこうと考えました。

ポイントは、本番の採用活動にも共通することですが、とにかく行動や体験を通して、わが社の理念やフィロソフィーを感じ取り、理解・実践してもらえるように内容を工夫しているということです。

新卒採用については魂を込めています。1泊2日の合宿形式で実施されるインターンシップでは、学生とともに社員も夜遅くまで一緒になって課題に取り組むのです。2日目に行われる最終プレゼンでは、発表する学生が感極まって号泣することもありました。

可能な限り応募者と密に関わることで、学生とわが社がお互いを深く理解し合えるように心がけています。この採用方式のおかげで、学生はわが社が自分に合うかどうかを明確に判断できるようになったと同時に、わが社は進和建設の社員として欠かせない「志」を、入社時点ですでに持っている人材を迎え入れることができるようになりました。

●自ら学ぶ場を増やす

当然ながら、入社後もわが社は人材教育に力を入れています。

採用が決まった内定者には「内定者研修」を受けてもらい、さらに入社してからの1年間は「新入社員研修」と「フレッシャーズキャンプ」を用意し、社員の成長を促します。

フレッシャーズキャンプとは、ビジネスを立ち上げる力や事業観を叩き込み、社員でありながら起業家精神を持った人材を育てるための取り組みです。このように、入社前を含めて足かけ2年でじっくり育成するシステムの存在が、若手ながら自ら課題を発見し、解決していく力を持った、たくましい社員の育成につながっています。

ただし、社員に対していつまでも手取り足取り教えているわけにはいきません。以前の私は、とにかく社員教育とは「勉強会をたくさん開催すること」と考え、次々に社内の勉強会やセミナーを立ち上げていました。もちろん、その取り組みにより、一定の効果は上げましたが、あるとき、これでは社員自身が自主的に学ぶ力を養えないのではないかと気づいたのです。

だから、現在は教えることで社員を受け身にするのではなく、「自分で学べ」というスタンスに変えました。わが社は、成長したい社員が学習する環境は整えてあげるけれど、全員参加の形で教えることはしていません。学びたい人はeラーニングのコンテンツを充実させているので、それらの教材を使って自主的に学んでもらっています。

勉強会は、あくまでも基礎的な知識を伝えるに留めています。知識は与えられても、考えるというのは自分自身の能力だからです。知識を増やすだけではなく、考える力を同時に磨かなければなりません。

余談ですが、海外では、大学を出た時点でプロというか、一人前の社会人として扱われます。自分で考え、仮説を立て、実行する心構えができているので、彼らはその会社で働くのに必要な知識だけ教われば即戦力になれるわけです。

でも、日本の場合は違います。

私がスタンフォード大学に行ったときに、日本人留学生の会合に参加し、一緒に食事をしたことがあります。海外に行くような若者は、高校生の頃から自分は何をもって世の中の役に立つかとか、何をもって人生を送るかを決めていて、そのためにスタンフォード大学のこの学部で、このテーマについて勉強したいといった目的意識が高かったと記憶しています。

しかし、日本の学生は居酒屋やコンビニなどで、自分の将来とは関係ないようなアルバイトをやっている人が多い。全然、人生の全体を考えていません。将来の自分の夢につながっていない時間になっています。向こうの学生は人生設計をキッチリ立てて、目標が明確にあるから、あとは具体的な行動に落としていけるのです。

だからこそ私は、自分が問題意識を持って、自らわからないことを勉強したり、人に聞くという育て方をしたほうが主体性を持った社員になっていくと考えました。

今の日本の若い人は、大学の頃から「人に教えてもらう」という感覚が強い。そのやり方では、実践的な考え方、行動力、知識など何も身についていかないのです。

だから、現在のわが社では、上司は部下に条件だけを明確にして、細かい行動までは指示しない指導をしています。社員はその指示が理解できなければ、上司にこのやり方でいいかと確認する決まりです。わからない部分に関しては、自分の力で調べてもらいます。

大事なのは、最初は自分で考えてみることです。すぐに答えを提示しないことで、仕事に取り組む力がグンと上がります。

もちろん、勝手にやらせるのではなく、上司の指示に対して「こういう形でやっていきたいのですが、どうですか?」と提案書で確認してもらいます。上司のＯＫが出れば、その通りに実行し、うまくいかなかったり、失敗した場合は自分で改善点や修正点を考えてもらいます。「ここのやり方が悪かったから、こういうふうに変えていきます」と、また提案書を上司に見せる。上司は「ここがこれではまずいから、もう一度考え直してほしい」という形で社員を指導していくのです。

そうすれば、社員全員が自ら考えて行動して、うまくいかない場合でも、どうすれば解決できるかを絶えず自分で考えるクセがつくのです。

ここでは、主語を自分にすることが大事です。単に言われたことだけをする社員ばかりでは会社全体の力が上がりません。私は社員教育とは、1から10まで全部を教えてしまってはいけないと強く感じています。

その結果、社員はやりがいを感じ、成長を実感でき、わが社への愛着を強めてくれるのだと思います。

●等級に応じたキャリアパスを提示

わが社では、全社員に対して目指すべきゴールを明確に示すことを重視しています。職種ごとに「キャリアステップ」と呼ばれる成長モデルを用意しています。

例えば、「入社3年目には現場のリーダーになっていてほしい。そのときの給与水準はこれくらいで、こんなことができるようになっていてほしいから、こんな研修を受けて、こんな資格を取ってください」といった具体的な目標像を年数に応じて提示します。これには1等級、2等級……とあって、級ごとに自分のやることを決めています。

それから、自分がチャレンジする目標を自分で決めてもらっています。等級に応じた格があるので、最低限そこを守ってもらえば、自分でチャレンジする目標は自由です。その目標と達成度によって人事評価をしています。

社員の活躍の場というのは、言葉は「活躍」としているけれど、私が重視するのは成長です。会社が良くなることも成長だけど、若い社員はまず自分が成長することを考えてくれたらいいと思います。

成長するというのはどういうことかと言えば、茶道や歌舞伎などで言われる「守・破・離」が基本だと思っています。

私自身、最初から縦横無尽に自分の経営ができたわけではありません。20代の間は父親の指示に従っていました。30代になって、経営者としてそれに少しだけ創意工夫を入れました。40代になって、初めて自分のやりたいことを全開でやってきました。そういうふうに成長とは、できることが拡大していくことだと考えています。

だから社員も、活躍といっても自分で成長しようと思う必要があります。会社はキャリアパスをつくるので、そのステップに沿って上を目指してもいいし、横に移動して新規事業を立ち上げてもいいし、社内FCのトップになってもいいのです。

私自身、他人に使われるのは嫌なので、そういうタイプの人のためのキャリアパスも用意してあります。

少々苦言を呈せば、今の社員は、他人に使われるほうがいいと思っている人も少なくないのが残念です。責任を負いたくないと言うのですが、責任を負うから人は成長するのではないでしょうか。

私の〝人づくり〟の基本は、〝任せる〟という形こそが一番だと思っています。任せた以上、その人が当事者として責任と覚悟を取らせることが人の成長に大きくつながっていくのです。といっても、実際はそんなに深刻に考えなくてもいい。責任を取れと言ったって、自分が取れる範囲の責任しか取れないのです。

等級別の必要能力や、その能力を身につけるために必要な講座や研修なども細かく定めて用意することで、社員は明確な目標に向かって着実に成長し、活躍することが可能です。

キャリアパス―キャリアプラン

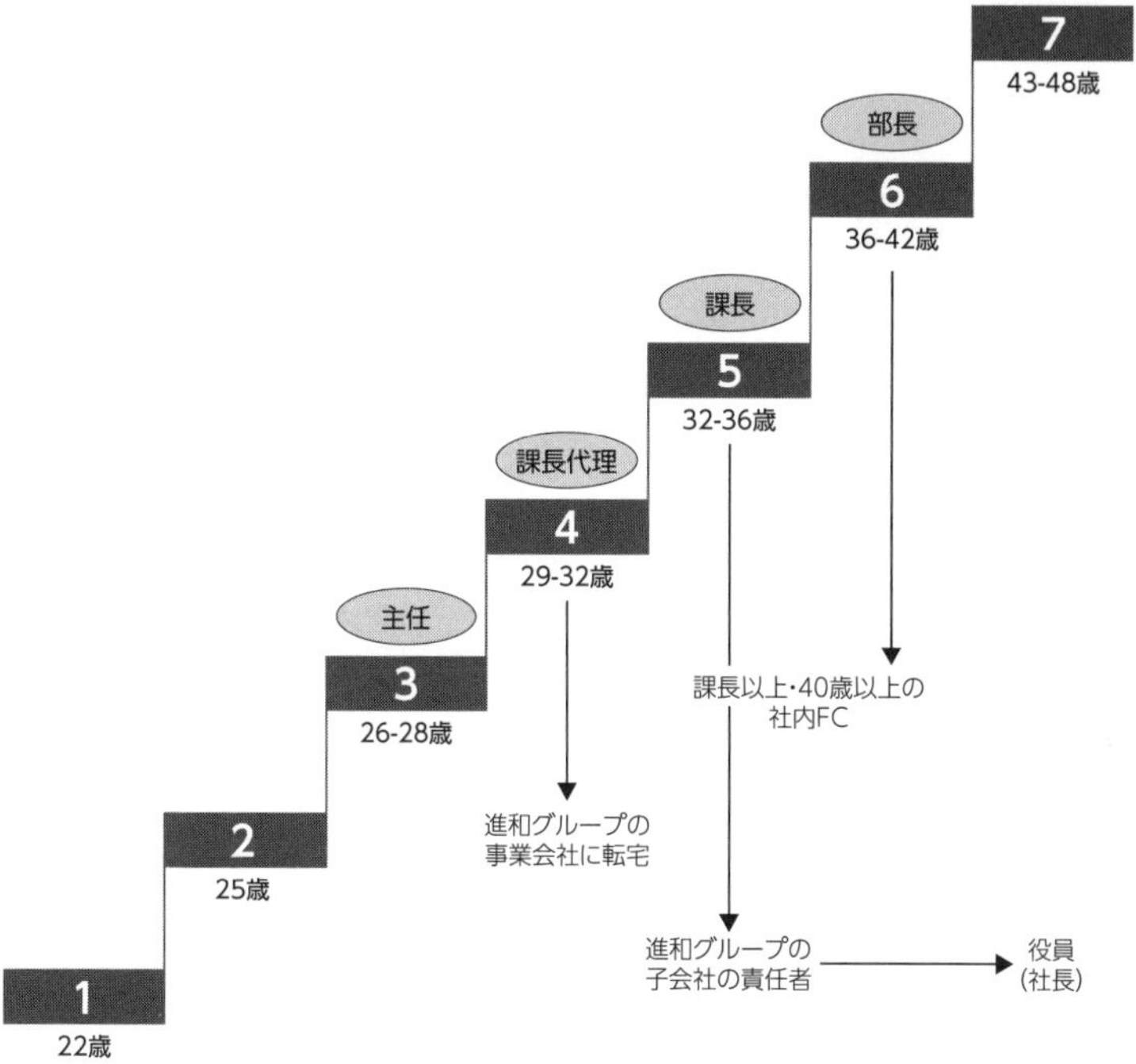

7
43-48歳
部長
6
36-42歳
課長
5
32-36歳
課長代理
4
29-32歳
主任
3
26-28歳
2
25歳
1
22歳
進和グループの
事業会社に転宅
課長以上・40歳以上の
社内FC
進和グループの
子会社の責任者
役員
(社長)

部門間転宅自由
やる気、実力次第で確実にステップアップできる制度

等級に応じた研修

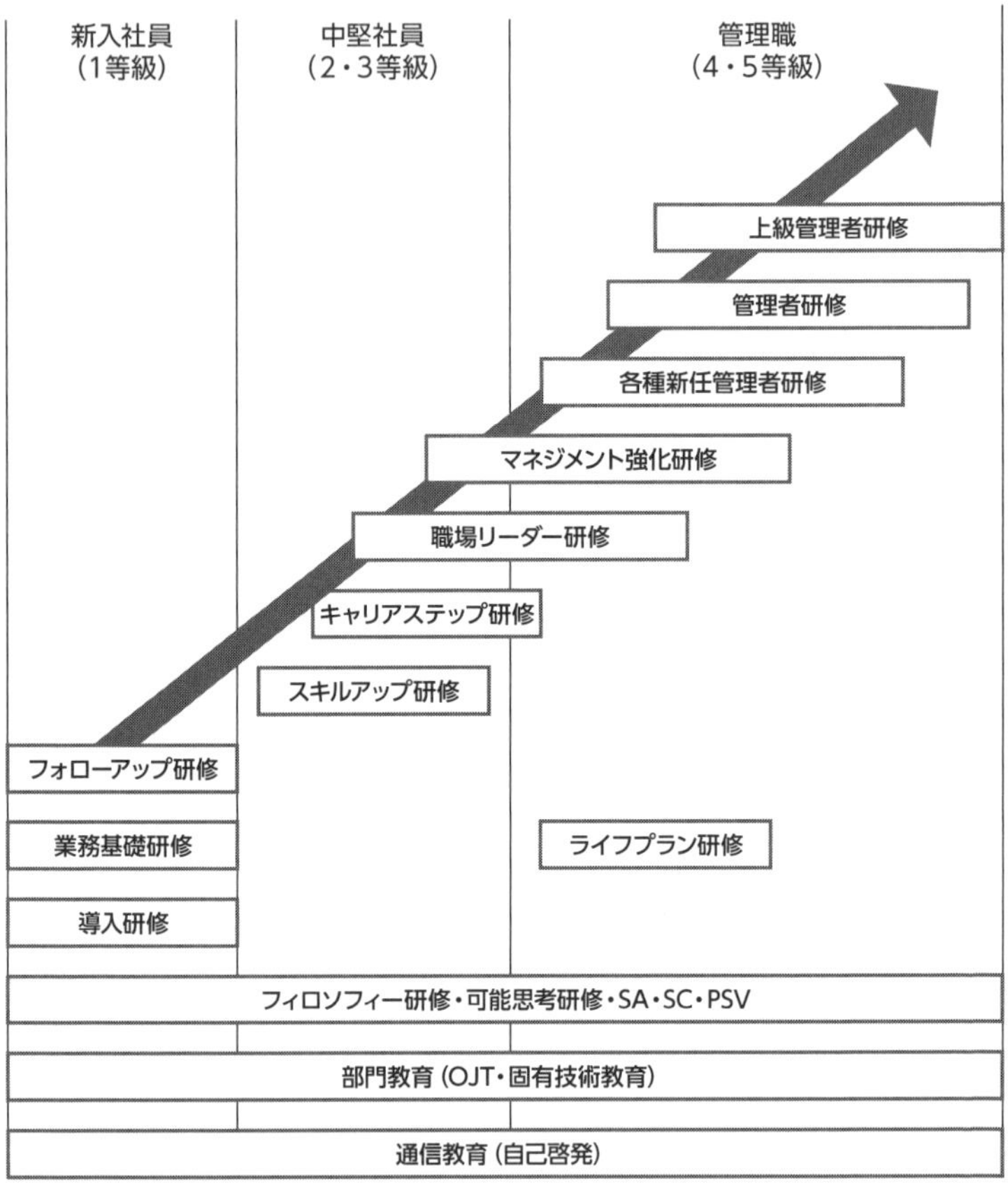
新入社員
(1等級)
中堅社員
(2・3等級)
管理職
(4・5等級)
上級管理者研修
管理者研修
各種新任管理者研修
マネジメント強化研修
職場リーダー研修
キャリアステップ研修
スキルアップ研修
フォローアップ研修
業務基礎研修
導入研修
ライフプラン研修
フィロソフィー研修・可能思考研修・SA・SC・PSV
部門教育（OJT・固有技術教育）
通信教育（自己啓発）

・スキルアップ
・可能思考
・マネジメント
・コミュニケーション・部下育成
・リーダー育成

責任等級制度と連動した研修

●管理職

1. マネジメントの基本を身につける
2. 管理職としての必須の知識を学ぶ
3. 対部下コミュニケーションの強化
4. 部長層の経営視点の強化経営者とのネットワーク構築

●中堅リーダー

1. 後輩育成力の強化
2. 業務効率の向上
（ロジカルシンキング・問題解決力を鍛える）
3. 業務効率の向上
（PDCA段取り力・タイムマネジメントを鍛える）

●新人・若手

1. モチベーション向上メンタルヘルス強化
2. 基本行動スキルを身につける
（マナー・PDCA・コミュニケーション）

4 会計学（経営指標の原理原則）

❶ 経営に関することは何でも数値化

経営数字を把握することこそ、良い経営者になるためのスタートです。

会計というのは、ナンボで買ってナンボで売るかに尽きます。そこで必要な経費をいかに安くするかの工夫は大事ですが、基本はとても単純なことです。

例えば、Ｐ／Ｌ（損益計算書）とＢ／Ｓ（貸借対照表）があります。

Ｐ／Ｌの基準は「目標設定・粗利益率・人件費率・労働分配率」になります。その際、私自身が決めた原理原則をしっかりと守って経営方針を立てています。

明確な数値で守るのです。例えば、労働分配率であれば「35」と決めています。また、売上と自己資本の割合は3～4倍と決めています。わが社が工事をやる場合は、人件費は7％だから工事の2／7で、技術・設計は0・5／7、営業は2／7、営業企画が0・5／7で一般管理費は2／7になります。これを合計すると7／7になるのです。そういう全項目をしっかり数値化しています。

これは私が経験から決めた数字です。

ここまで読んでくださった読者の方はおわかりでしょうけど、私は理系の人間なのです。だから、建築でも構造計算を中心に学んできました。普通の人がいわゆる〝どんぶり勘定〟でやるような暗黙知をすべて形式知にする癖がついています。何でも数値化する癖があり、数字を追っていくので、経営に大きなブレが生じないのでしょう。

例えば、マンションのワンルームといってもそれぞれ大きさが違うでしょう。だから、20㎡や25㎡の大きさ別、階数別に、わが社は単価表をつくってあります。それだけではなく、もしプラスアルファの工事をする場合の単価表もつくってある。この工事をするのであれば、金額はこれだけ上がるとデータ表を用意してあるのです。

これらは過去の経験から検証したリアルな数値です。私はすべて数値化、データ化して、社内でも取引先でも数字で答えられるようにしています。

一方のB／Sでは「事業用資産・必要資本・体質強度」などを見ます。

特に、私は5年後の売上を先に決めてしまいます。

わが社は商品開発をやっているため、利益がいくら必要かということからの逆算をしているので、売上から原価を引いたものが利益です。だから、私は売上からまず利益を引いておく。当然、残りが原価になるので、その金額でどうするかを考えていきます。

発想を逆にしているのです。

製造するためには、どうしても必要経費がかかります。この業界は、いかに経費を下げるかという考えで止まっている社長が多いです。そのために、業者のコストを値切るというやり方を選んでしまう。でも、協力会社を安く叩くような真似をしたら、絶対に自分に返ってきます。相手の仕事へのモチベーションやクオリティも変わってくるでしょう。

わが社では相手に絶対に損はさせないと決めています。

だから、私は協力会社のコストまで自分で算盤を弾いています。どれだけ協力会社に利益が出るか考えながら進めています。

協力会社には現金で支払っているし、支払日も早めです。経費を下げる場合も、やみくもに下げるのではなく、原価を下げるアドバイスをしています。「これを使えば、ここのコストが少し下がるんじゃないですか?」というように、協力会社に伝えているのです。

これは材料の原価を全部知っているから可能になることです。例えば、ペンキでも清掃、プライマーを塗って下塗り、上塗りなどを全部足して仮に1000円だとして、下塗りはいくら、上塗りはいくらと分析して、下げられる部分を探していきます。そういう数字を職人の親方も知りません。通常は、「これだけ払うから、この仕事をやって」というアバウトな頼み方が多いです。

経営指標の原理原則①

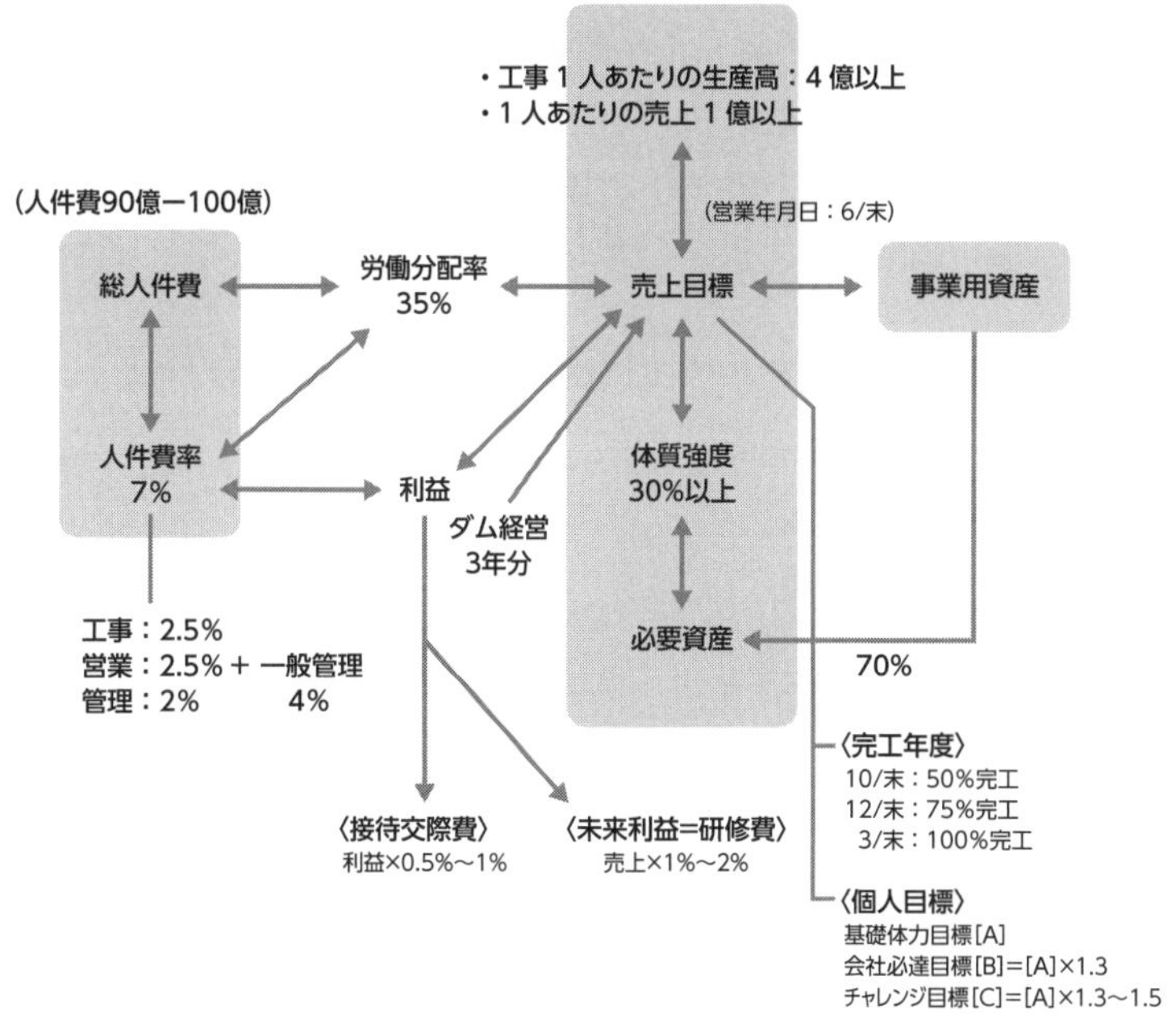
・工事１人あたりの生産高：４億以上
・１人あたりの売上１億以上
（人件費90億ー100億）
（営業年月日：6/末）
総人件費
労働分配率
35%
売上目標
事業用資産
人件費率
7%
利益
ダム経営
3年分
体質強度
30%以上
必要資産
70%
工事：2.5%
営業：2.5%＋ 一般管理
管理：2%　　　4%
〈完工年度〉
10/末：50%完工
12/末：75%完工
3/末：100%完工
〈接待交際費〉
利益×0.5%～1%
〈未来利益=研修費〉
売上×1%～2%
〈個人目標〉
基礎体力目標[A]
会社必達目標[B]=[A]×1.3
チャレンジ目標[C]=[A]×1.3～1.5

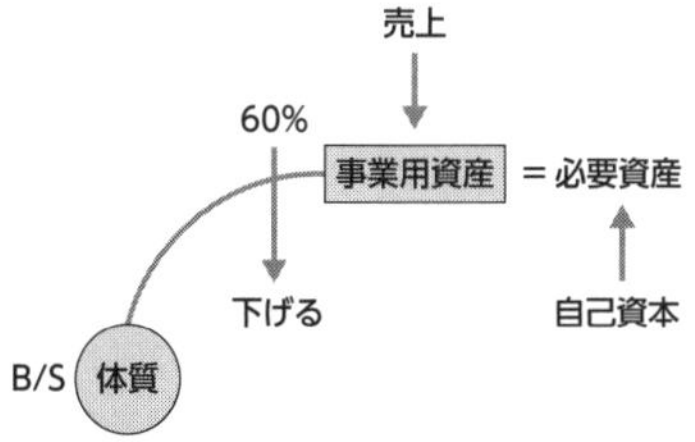
売上
60%
事業用資産
＝必要資産
下げる
自己資本
B/S
体質

経営指標の原理原則②

1. **労働分配率**：35%　**人件費率**：7%

$$今期の利益目標=\left(\frac{総人件費}{人件費率}=売上目標\right)\times 20\%$$

$$今期の利益目標=\left(売上目標\times\frac{1}{3}-今ある資産\right)\times 2$$

2. **人件費率**：7%以上(8%でもいい)

3. **マッハ1**：利益=人件費

4. **1人あたりの売上**：1億以上
(1.3億以上　時間当たりの生産性1万円／時間以上)

5. **必要資本**：事業用資産60%

6. **体質強度**：30%以上

7. **ダム経営**：3年分(お客のダムも大事)

8. **自己資本比率**：70%以上

9. **工事1人あたりの生産高**：4億以上(人件費×90〜100)

10. **接待交際費**：利益×0.5%〜1%
研修費：売上×1%〜2%

経営指標の原理原則③

1. **人件費率**：7%
    - **工事**：2.5%
        - **工事**：2.2%
        - **技術設計**=0.3%
    - **営業**：2.5%
        - **営業**：2.2%
        - **企画**：0.3%
    - **管理**：2%

2. **一般管理費**：7%
   経費：4%(うち未来利益1%)

3. **営業の受注**：12/末：30%
   3/末：50〜75%
   6/末：100%受注

4. **目標**：基礎体力目標[A]
   会社が求める目標[B]=[A]×1.3
   チャレンジ目標[C]=[A]×1.3〜1.5

5. **完工年度**：10/末：50%完工
   12/末：75%完工
   3/末：100%完工

6. **年初に年度の決算書をつくる。毎月逆算管理**

7. **5年後のB/Sをつくり、管理する**

※人件費で割った人数で業務を行い、その他は受注で戻す。本体で埋めない。

より良い経営者を目指すなら、数字に強くなり、相手との交渉にも説得力を持たせなければいけません。

仮に経済環境が悪化したとしても、収益を改善する方法や、危機の荒波から会社が逃れる方法は、どちらかと言うと「P/Lではなく、B/Sにあり」と考えています。

詳細は以下で解説していきましょう。

❷ 3つの禁止事項

私には、決して揺るがせない経営に関する3つのルールがあります。

・借入れをしない
・手形を切らない
・保証人にならない

先述しましたが、父から教えられたこれらのルールを固く誓い、守り続けています。

一般的な企業では、資金調達にあたって金融機関からの融資を受けることはごく当たり前に行われますが、私は経営者としてのスタート時点で、それを一切せずに経営を行っていくことを制約条件として課せられたのです。

もちろん、確固たる理由があります。

父はかつて会社を倒産させた経験から、同じ失敗を繰り返さないように「会社を大きくすることよりも、盤石な経営基盤を築くこと」を何より優先させたのです。そのためには、潰れにくい会社の指標である「自己資本比率を高めること」に注力してきました。

ちなみに建設の仕事では、建物を1つ建てるたびに数千万円から数億円という巨額の費用がかかってきます。その出費に対応できるように自己資本を厚くしておくことが欠かせないという、業界の特性も大きく関係しています。とはいえ、私は就任当時に比べ、売上規模を10倍以上に成長させつつ、自己資本比率が企業の理想と言われるこの制約条件を守って経営を行っているのです。

今から振り返ればサラリと記述することができますが、実際のところ、「借入れをしない」「手形を切らない」という条件のもとでは、毎月の資金繰りには苦労してきました。正直に言えば、協力業者への費用や社員の給料を払うのもやっとという経営状態がずいぶん長い間続きました。

だからこそ、とことんまで考え抜き、「それでも何とか前に進んでいく経営」を編み出したのだと思っています。おそらく、資金的に余裕がある状況では極限まで考える必要はないので、何となく経営しても過ごせたかもしれません。

その意味では、制約条件の中で考えることこそが財産になると私は感じています。

❸身の丈に合った規模の経営

3つのルールにより、借入れができない以上、手持ちの自己資本だけを元手に仕事を回していかなくてはなりません。他社が当たり前のように実施している「借入れを起こして一気に事業規模を拡大させる」というやり方は封じられているのです。

そこで、私は「年間売上目標額は自己資本総額の3倍までに抑える」というルールを固く守りつつ、少しずつ自己資本を厚くしながら堅実に規模を拡大してきました（事業規模の制限についてはもう一つ、「年間売上目標額の60％以内に事業資産額を抑える」という制約条件もあります）。

これは、手元にある資金で無理なく事業を回せる範囲内、つまり会社の財務的な体力に合わせた経営をしていくための枠ですが、似たような制約条件に「1物件あたりの売上額は、年間総売上目標額の50％以内に収める」というものがあります。

これは、例えば年間の売上目標が50億円だとしたら、仮に1物件で200億円の売上が上がる大型案件の話があっても、絶対に受注しないという決めごとです。

もし、この案件の工事が予期せぬトラブルでストップしてしまい、資金回収できない事態が起こった場合、これだけで会社の経営が傾いてしまうからです。

万が一の事態が起こったときにも、すぐに破綻してしまわないだけの資金量を常に保ちながら、堅実に経営を行う。それをわが社では最も重要視しているのです。

会社を潰さないための資金繰りをコントロールする緻密な係数管理は、わが社が誇るものの一つで、簡単に真似のできないレベルにあると自負しています。それは、私が社長に就任して以来、検証や修正、アップデートを重ねてようやく完成させたものです。

❹労働分配率による経営

わが社には、他にも会計上のルール（制約条件）がいくつもあります。

まず第一に重要なのは、「人件費を基準に次年度の売上目標を設定する」というルールです。

わが社では、売上に占める粗利の割合（粗利率）と、粗利に占める人件費の割合（労働分配率）を常に一定の数値に設定しています（粗利が20％、労働分配率が35％）。

これは、粗利から出ていく固定費の中で一番大きなウェートを占める人件費をコントロールすることを一番注視しているということです。

なぜなら、社員に対して働きに応じた給与を払いたいからです。利益を大きくすることは、すなわち生産性を高めることになり、その結果として、人件費の分配率も上がるので、社員に高い給料を取ってもらえます。

現状の人件費から逆算すれば、最低限必要な粗利目標と売上目標を算出できます。「どんな不測の事態が起こっても、必ず社員の給料は払う」「社員は絶対に守る」ということを大前提に考えていて、本年度の人件費から次年度売上目標の最低ラインを設定します。最低ラインはあくまで基準で、その時々の経営状況から「どこまで売上額を伸ばすのか」を判断して最終的な売上目標、粗利目標を設定します。

これは会社が労働分配率35％を常に死守する経営を実践し、目標を達成して一定の経常利益を出し切ることにより、社員1人1人の給与も上がる仕組みとなっています。つまり、目標に対して役割を設定し、チャレンジし、全員で利益を出せば、それが社員に還元されるという全社経営を行っているわけです。

❺ 資金繰りをラクにする支払い条件の設定

私は、資金繰りを重視し、入金と支払いの「払い越しもらい越し」を重視しています。

一般的な建設会社の場合、施主からの代金の支払いは、着工時に1割、上棟時に1割、そして完成のタイミングで残りの8割をもらう形が多いです。

これに対し、実際に施工を行う協力会社への支払いは、工事の進捗に合わせてその都度行っていくため、完成まではほぼお金が入ってこないにもかかわらず、支払いによるお金はどんどん出ていくという状況が発生してしまいます。

つまり建設会社としては、工事の途中段階では協力会社への支払いを肩代わりする形になって、一時的に収支がマイナスになり、工事が完了した時点でようやくプラスになるというのが慣習になっています。

これに対して私は、着工時に2割、上棟時に3割、中間で3割、竣工時に2割の合計4回で施主から支払っていただく形を取っています。支払い回数を3回から4回に増やし、入金と支払いの「払い越しもらい越し」がプラスになるように考えてきました。また、階数が6階以上になる場合は、支払いを5回以上に増やしています。

そしてこのシステムによって、協力会社に進捗に合わせた支払いができます。またわが社の資金繰りにおいても、一時的にマイナスになることがなくなり、資金繰りがプラスになるため、経営が安定するのです。

この「入金額が常に支出額を上回る状況」を生み出す仕組みも、就任当時の私が苦労した産物です。資金繰りで本当に苦労し、考え抜いた挙句につくり上げた、「会社を潰さない」「社員を幸せにする」ための経営手段なのです。

業界の一般的な慣習からすると、代金を前倒しで取りすぎているという不満が施主から出ないのかと疑問に感じられるかもしれません。もちろん、わが社の都合だけが優先されているのであれば、施主に納得してもらえないでしょう。

このシステムは、わが社の建築コストの低さやマンション自体の魅力の高さ、それに伴う収益性の高さなどの優位性があってこそ、独特な支払い条件を理解してもらえているのです。

❻未来を見据えたB／S経営

先述しましたが、私は中長期的な視点で純資産を増加させ続けることを重視した、いわゆるB／S（貸借対照表）経営を行っています。

わが社のような中小企業の場合、経営数値についてはP／L（損益計算書）で「どれだけ売上が上がったか」と「どれだけ利益が出たか」のみをチェックする経営者も多いと思います。しかし、P／Lはある時点での業績を切り取ったデータに過ぎないため、「企業として持っている本来の実力を発揮できているかどうか」までの詳しい分析ができません。

そこでわが社では、B／Sを使って「少ない資金で最大の利益を生み出せているか」、つまり投資したお金を効率的に活用して収益を生み出す強い経営体質をつくれているかどうかを常にチェックしているのです。

そのために、一般的にB／Sは期末に実績数値を使って作成するものですが、5年後や10年後など、将来のB／Sを前もって作成し、目標値の目安とすることさえも珍しくありません。まず5年後のB／Sをつくることで5年後の必要資金を計算し、その資金をつくるために、同じく5年後のP／Lの利益額を確定する。それによって、必要な売上高が見えてくる。こういうロジックをつくり出しました。

私は「B／Sは社長の人格であり、P／Lは社長の能力である」とよく口にしています。経営者の役割は、利益を出して「会社を潰さない」「社員を守る」ことです。だから「P／Lの利益を出せない社長は経営者失格だ」という強い念いを抱いています。

私は2年連続で赤字を出した場合には、社長を辞任すると心に決めて経営を行ってきました。それを実現するための手段や思想が表れるB／Sに関しては、ストイックなこだわりを持ち、借入れを行わず、着実に自己資本を増やし続けてきたのです。

私はファイナンスの概念を専門的には学んでいません。ただ自分の体験・経験からさまざまな試行錯誤の末に編み出した資金調達・運用に関するルールは、資金で資金を生み出す「投資収益率」という考え方に則ったものです。

これは安定的に成長・発展するために、資金面をどうコントロールしていくかのノウハウを独自に突き詰めていった結果なのです。

さて、ここまで紹介してきた私が守っている「会計上の5つのルール」は理解してもらえたでしょうか？　これらのルールはいずれも、「会社を潰さない」「社員を幸せにする」という経営理念の2つの誓いを守るために定めたものです。

数値自体の決まり方は複雑な計算式が必要なものもありますが、考え方はいたってシンプルです。

経済的に社員の生活を支えるためには、まず人件費を確保しなければいけない。
←だから、人件費総額をベースに売上目標を決定する。

会社を潰さないためには、規模を大きくすることより身の丈に合った堅実な経営をする。
←だから自己資本の3倍までの仕事しか行わない。

臆病とも言えるほど慎重に経営を行っていくためのルールは、「絶対に会社を潰さない」という強い念いを仕組み化して実現させるためのものなのです。

BS-PLの考え方

・PLは儲け方のこと。
・計画を立てて、
目標を達成しないのは、
社長の能力が無いと言っているのと同じ！
⬇
※赤字（目標未達）は、社長の人格が悪いから起きると考えている。

**・俺の決算書はBSの事。
決算書は俺の評価。**
⬇
・BSは社長の性格（体質）が現れたもの
・BSは土台。
絶対潰さないと思うと、余裕がある状態ができているはず。
⬇
※社長の人格が表れたものと考えている。

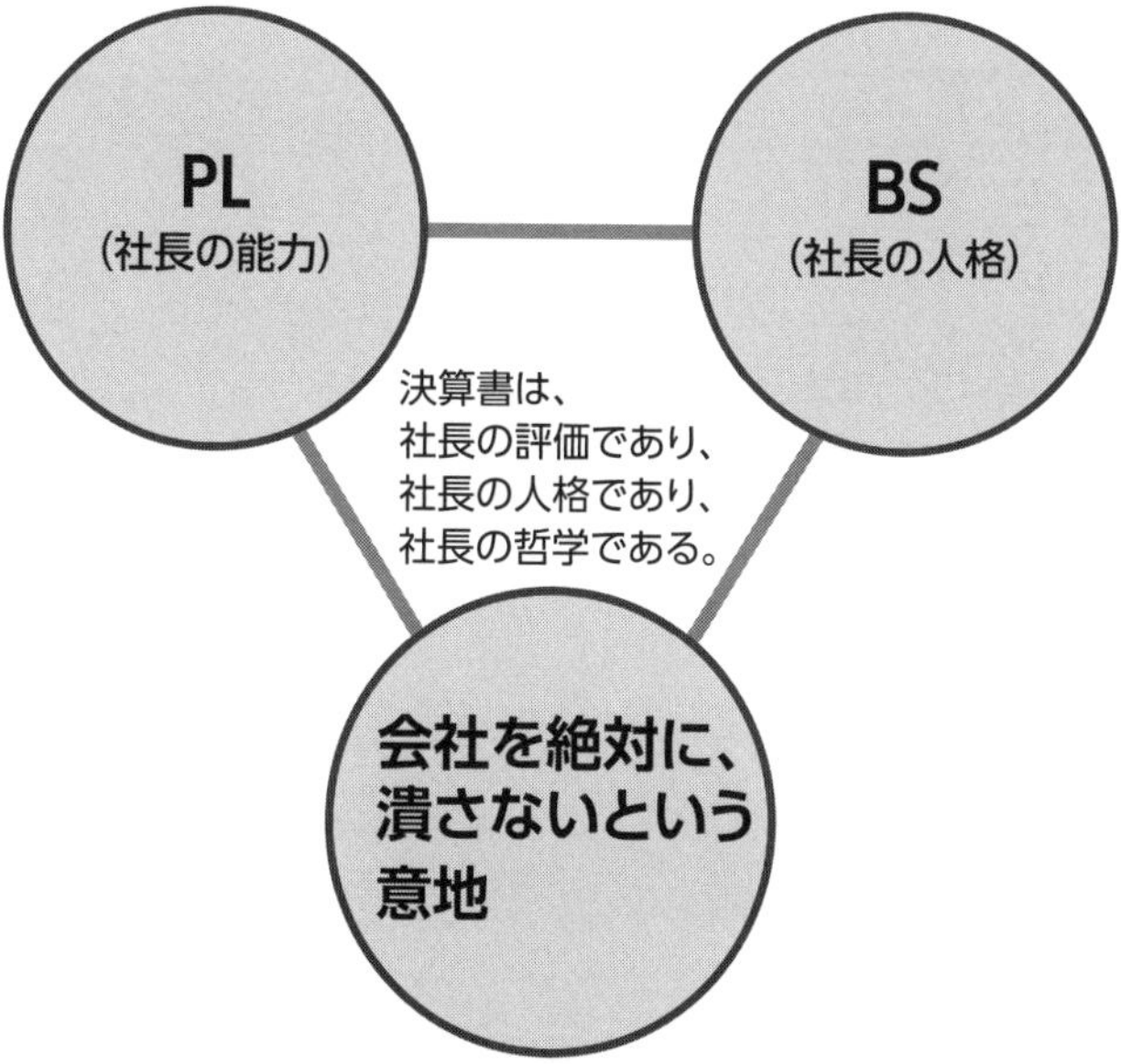
PL
（社長の能力）
BS
（社長の人格）
決算書は、
社長の評価であり、
社長の人格であり、
社長の哲学である。
会社を絶対に、潰さないという意地

**絶対潰さないという念いがあれば、
赤字にならない！**
2期連続赤字になったら辞める！
意地でも赤字にしないようになる。

5 リスク管理の考え方

❶リスク管理の基本的な全体像

自分の会社に対してリスクを予期し、回避し、ときには備えることは、経営者の責務です。ただし、リスクの想定は、単に売上や利益に関することだけではありません。46ページの「世の中の流れを捉える」の項目で紹介した、業界や国家レベルでの環境変化と、それに伴うリスクも考えておかなければなりません。

大きな流れとしては、次のようになります。

(1)「世の中の流れを捉える5つの観点」と「世の中の流れに影響を与える4つの要素」から、未来の世の中で起こるトレンド（事態）を紐解く。

(2)グランドデザインで描く5~10年先の自社のビジョンのイメージと、未来の世の中で起こるトレンドを対比させ、会社が潰れるという最悪のシナリオを想定する。

(3)「最悪のシナリオ」の参考になる事例を探し出し、データを集める（本を読む、研究者に会うなど)。

(4)さまざまなデータをもとに、最悪のシナリオを解決する「仮説」を設定する。さらにデータを集め、仮説の精度を高める。

(5)手を打ち続け、解決する。

こうしたポイントを見れば明らかなように、単に世の中の流れを読むだけでなく、それが自社にどんな悪影響を与える可能性があるかという観点を持ち、その解決策を仮説レベルでも持ち続けることが大事になります。

そして、将来的なリスクへの対応策を持っていることが、経営における精神的・資金的な余裕を生み出すのです。

社長になってからの私は、5年先が〝今〟だと思って生きてきました。目の前のことに必死になって、頭も心も使っていては、忍び寄るリスクに対応できないのです。社員より5年は先を読んでいないと、良い経営者ではありません。山を登るのと同じです。遠足でも、引率する先生はルートや状況を下見してから連れていかないと危険でしょう。

建設業界が一番大きな影響を受けるのは社会情勢です。

5年後の社会情勢を考えたこともないなんて言ってたら経営者失格です。例えば、人口が減るという未来はもう見えているのに、その要素を考慮に入れて経営していない人が多いように感じます。未来のイメージは常に描いているべきです。

例えば、現在はコロナ禍の真っ最中です。

コロナ禍が終われば、元通りの日常が戻るという楽観論の経営者もいますが、私に言わせればとんでもありません。現在、いろんな形で国のお金がどんどん出ていっている状態です。この反動は必ず起こるはずなので怖いです。そんな環境で、建築にはどんな影響があるのか。あらかじめ社会情勢を読んでいないことには後手に回ってしまいます。

経営者は未来を読んで先手を打たなければなりません。思わしくない未来の環境にどう対応すればいいのかですが、すでにお伝えしたように、わが社では理念から落とし込んだビジョンをもとにグランドデザインを描き、それを具体的に中期計画、さらに年度計画へ落とし込んでいきます。

「望ましい未来」を鮮明に描き、確定させ、方向性や戦略、事業計画を練り、頭の中ですべての整合性が取れるまで緻密なシミュレーションを何度も何度も繰り返し、未来から逆算して現在何をすべきかを具体的で明確にしています。そして、未来を確定させると同時に、必ずリスクを想定し、検証し続けています。

まずは世界や日本の社会の動きという大きな視点で考えます。その次に業界、その次に中期ビジョン、グランドデザインから考える。業界についても、情報を集め、ある程度いろいろな立場の人と話していれば、次の方向はだいたい見えてくるものです。

具体的には、建設業界が人手不足になるとか、今後はＡＩやＤＸ（デジタルトランスフォーメーション）によって生産性を上げるなど、見えてくるものがあるのです。

5年後、10年後のわが社はどうしようというグランドデザインや中期ビジョンを見ているうちに、未来に対応できる施策が掴めるのではないでしょうか。

では、リスク管理をするためにどうやって未来を読めばいいのでしょうか？

かくいう私も社長就任時は、今のことで頭がいっぱいになっていました。そこから未来を見ようと考えるようになった理由は2つあります。

まずは、失敗経験を積んだからです。以前、投資ブームの最中、わが社も遅れてはならぬとファンドを扱う会社の工事を請け負ったのです。

ところが、リーマン・ショックが起きてしまい、ファンド会社は次々と倒産していきました。結局、7億円もの損失を被ることになってしまいました。このときに猛省したのです。自分は未来を予想することをせず、社会情勢を考えることもせず、目の前の儲け話にひたすら飛びついてしまったからです。

もう1つは、守りに入ると言っては変ですが、なるべく良い状況で仕事をしようという考え方を持つように変わったからです。

そこで、現在の私は、最悪のシナリオを想定します。具体的には「自社に影響を及ぼす最悪のシナリオ」です。

例えば、毎年、事業発展計画の数値目標を立てる際には、「当初計画から売上が5%減った場合」や「変動費が5%増えた（利益率が低下した）場合」、さらには「売上と利益率がともに低下した場合」、などの考えうるケースをすべて想定し、それぞれに立て直しを可能にする対策を用意しています。

あるいは、施工を引き受ける前もそうです。マンションを建てた後で、お客様が潰れたと仮定します。

その場合、わが社が回収しないといけない。だから、私はマンションを建てる前に、その地域が好立地かどうかを調べるし、もし悪い地域だったら断る場合もあります。ちゃんとリサーチをしておけば、お客様が潰れたとしても資金的な心配はありません。その手間を惜しんでしまうと、大きなリスクを抱えることになります。

また、受注高は自己資本に対して3〜4割程度に止めているのもその一環です。いきなり50億の仕事を発注されたとしても、絶対に断ります。お金を借りれば、その規模の案件を請け負えないことはありません。

リスク対応の考え方

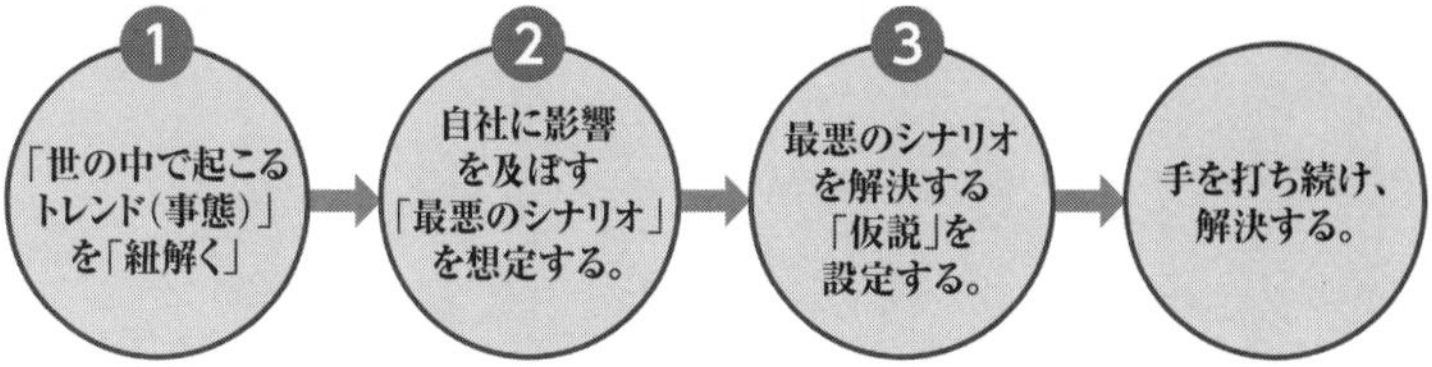
1
「世の中で起こるトレンド(事態)」を「紐解く」
2
自社に影響を及ぼす「最悪のシナリオ」を想定する。
3
最悪のシナリオを解決する「仮説」を設定する。
手を打ち続け、解決する。

1

ポイント1

独自の「**世の中の観方**」と、独自の「**世の中を見る4つの観点**」により、世の中で起こるトレンドを「**紐解く**」。

⬇

前提条件に、常に危機が起きると考えている。

ポイント2

5～10年先の自社のビジョンのイメージと、「世の中で起こるトレンド」と対比して「ギャップ」から、「未来の世の中で起こるトレンド」を予測し紐解いていく。

2

ポイント1

自社の事業から起こり得る、「**会社が潰れる条件」という視点で、モノを見ていく。列挙していく。**

※主語は他人（自分でコントロールできないもの）で潰されるものは何か？　逆に、コントロールできない環境下で、自分でコントロールできるものは何か？を探す。

ポイント2

「（現状や未来の）世の中で起こり得るトレンド」から、「**自社はどうなるのか？**」を「**つなげる**」ことにより、最悪のシナリオを想定する。

※「つなげる力」は訓練により磨き続けるしかない。

⬇

社長はたくさんの事例（本を読んだり、人の話を聞いたりなど）を集めて、「つなげる力」を養っている。

3

ポイント1

「最悪のシナリオ」の似たような「事例」を探し出し（本を読む、人と会うなど）、データ取りを行う。

※例えば、「国が潰れる」と想定すれば、なぜ、潰れるのか？というデータを集める。

⬇

さまざまなデータを基に、「仮説」を設定する。

⬇

さらに、仮説を検証するデータ取りを行い、仮説の精度を高めていく。

しかし、万が一、何らかの理由で工事が止まってしまうという最悪のシナリオを考えるから断るのです。

もちろん、想定以上のリスクが訪れる可能性もありますが、大切なのは何かが起こってから慌てて対応するのではなく、常にリスクを想定して事前に準備をしておくことなのです。最悪のシナリオを想定する習慣を持つことで、単なる夢物語ではない、現実的な計画を立てることができるのです。

❷新規事業についてのリスク管理

・年度の利益の範囲内で

新規事業に関する私のルールは「年度の利益の範囲内でやる。かつ自己資本の10％以内でやる。そして2年間赤字が続いたらやめる」ということです。

企業は、常に変化し続ける環境の中で事業経営を行い、世の中に役立っていかなければなりません。環境変化により、現在行っている事業が続けられなくなるリスクに対応しつつ生き残っていくためにも、新規事業は欠かせないファクターです。

新規事業にはリスクがあります。同時に、ある程度の勝算が持てるからこそスタートさせるわけですが、それでも成功するかどうかは、やってみないことにはわかりません。

そこで、「新規事業には年度の利益の範囲内で投資する」というルールを決め、失敗した場合に被るダメージをコントロールできるようにしています。

これには「可能性に賭けて際限なくチャレンジする」という無謀な行動を戒めるのと同時に、「結果はともかく、あらかじめ設定した枠の中で精一杯頑張る」という覚悟を決める効果もあります。

・自分の本業と無関係なジャンルには手を出さない

私は、わが社が現状手がけている事業とはつながりもないジャンルのビジネスに対して、「利益が出そうだから」という理由で新規事業を選ぶことはありません。

私は稲盛和夫さん（京セラの創業者）に「飛び石は打たない」と教えてもらいました。ビジネスで言えば、事業というのは、お客が関係しているか、商品が関係しているかのどちらかでなければいけないという意味です。

わが社は基本的に、「自社がすでに持っているものを活かして事業を展開していく」という考え方を持っています。もともと専業の建設会社としてスタートし、ローコストマンションの新築を中心に発展したわが社が、今では戸建て注文住宅や戸建て賃貸、中古マンションのリフォームや資産活用・土地活用のコンサルティング、さらにはサ高住の建築をきっかけに介護サービスの提供も行っています。

これらはすべて、「お客様のライフスタイルを豊かにするお手伝い」という企業としてのミッションをかなえる事業であるとともに、既存の事業からつながる形で広がっていったものばかりです。

だから、新規事業にしても、地主・家主の仕事をしたいと思っています。

サ高住の運営を行うようになったことがきっかけで、病院とのつながりができ、そのご縁で病棟の建築の仕事が入るようになったことなどは、その顕著な例です。こういう形であれば、全部がつながっています。

それから、サ高住をやるようになって病院の先生とも関係ができ、さらに相続対策で経営者の人とも関係ができました。マンションを建てるだけではなく、マンション管理の話も出てきたのです。

あるいは、毎月安定的に入る仕事はないかということで、高級化粧品を手がけはじめました。これは、地主や家主といった富裕層を顧客として考えてスタートしたのです。

意外性で言えば、犬小屋の開発もやっています。これも富裕層向けに3000万円クラスの犬小屋をつくろうと思っています。そういう需要が海外にはあります。

これからも、お客様や社会のニーズを常に意識しながら、お客様のライフスタイルの充実を支えられるような事業を、新たに生み出していきたいと考えています。

・2年間、赤字ならスッパリやめる

私が社長になったときに誓ったルールと一緒で、「2年間赤字だったらやめる」と新規事業の担当者には伝えています。

赤字が連続するような事業を続けてやってもうまくいきません。2年も続けて赤字になるようなら、3年目に黒字になることは難しいのです。

とにかく引き際のルールとして決めておくことが大事だと思います。

経営者の判断で一番難しいのは何かと言えば、撤退なのです。もうここまでだと自分の中に線を引くことが、どれだけ困難なのかは経営者ならおわかりでしょう。

だから、数字で線を引くしかないのです。私は2年連続で赤字になったらアウトと限度を決めています。

仮に「もう少しで黒字になります。あと半年だけやらせてください、社長」と懇願されても、キッパリとやめさせます。

その悔しさとアイデアを別の新規事業に活かしてほしいのです。

第4章

社長のOS
（頭の中）

1 社長のOSという捉え方

経営者たるもの、頭も人よりひと味違う使い方をしたほうがいいでしょう。

私がそう言うと「いやー、子どもの頃から頭が悪くて」「勉強は苦手ですから」と尻込みをする経営者もいますが、頭のいい悪いは関係ありません。そして、今からでも頭の使い方を変えれば、いくらでも脳は鍛えられるのです。

ここから、私の〝脳力〟の高め方を紹介します。

まず私は人間の〝脳力〟には2種類あると考えています。いつもパソコンにたとえると皆さんが理解してくださるので、ここでもパソコンで説明します。

脳力はパソコン同様、「OS（オペレーティングシステム）」と「アプリケーション」の2種類に分けられます。

OSは全体を管理する基本システムです。どのパソコンであっても、このOSによって各種のアプリケーションを作動させています。皆さんがワードソフトで原稿を書けるのも、メールソフトでコミュニケーションを取れるのも、パワーポイントでプレゼン資料をつくれるのも、OSがあってこそなのです。

2種類の脳力

OS	・在り方　・人間力 ・器　・価値観　など
アプリケーション	・知識　・スキル ・テクニック　・ノウハウ　など

2種類の脳力を両方とも高めるアプローチが必要になる!

だから、アプリケーションを活かすのは、OSの性能次第でもあります。もしも旧式のOSであれば、いくら最新のアプリケーションソフトを入れても、機能を発揮させることはできません。

このパソコンのOSにあたる脳力は、「人間力」「器」「価値観」などだと私は考えています。私が「器や価値観を広げよう」と提案するのは、自分のOSである脳力を高めようという意味になるでしょう。

もう一方のアプリケーションにあたる脳力とは、「知識」「スキル」「テクニック」などになります。

仕事で頑張ろうと思うと、こちらのアプリケーションの脳力ばかりを上げよう、身につけようとする人が多く見受けられます。しかし、パソコンと同様に、人間も知識やスキルを増やしても、OSの脳力をおろそかにしては、十全に活かすことはできないでしょう。

まずは人間力を高め、器を大きくして、幅広い価値観を身につけてこそ、脳力は上がるのだと考えています。ましてや経営者であれば、なおさらOSとアプリケーションの両方をバランス良く鍛えることが求められるはずです。

2 社長の意図

あなたの意図は部下に正しく伝わっていますか？

例えば、資料の作成を部下に指示したら、でき上がったものがあなたの欲していた内容とは違うニュアンスで作成されていた。そんな経験は誰にでもあるはずです。

その原因は、あなたの「意図」が正しく部下に伝わっていなかったからなのです。

私は「意図」について、必ず目的（意）があり、それを実現するための手段やロジック、メカニズム（図）と対になっていると考えています。

私の考える「意」とは、「世界観・理念・価値観・考え方・事業観・経営観」などが含まれています。一方の「図」は、「メカニズム・やり方・メソッド」を指すと考えています。

つまり、先ほどの「意図が正しく伝わらず、部下のつくってきた資料が的外れの内容」だった原因は、意図の「図」を部下は把握していても、「意」の部分が明確に理解していなかったのだと考えます。

これは多くの経営者がやりがちな誤ちです。何となく伝わっているだろう。言わなくても察してくれるだろう。お互いに〝わかったつもり〟でハッキリと言語化しない。そんなあやふやなコミュニケーションを仕事で取るのは危険です。正しい意図を伝えなければ、部下に無駄な仕事をさせてしまうことになります。

だから、すべての事業や仕事では、必ず「意」と「図」を明確にすることがわが社のルールになっています。私や上司から指示を受けた場合、「意図」がわからないときは、部下には常に「意」を確認し、徹底して共有した上で仕事に取りかかってもらいます。

3 社長の底打ち感（逆境をバネにする能力）

人生をかけて事業に打ち込んでいれば、「なぜあのとき、こちらの選択をしなかったのだろう」と歯噛みした経験があるでしょう。あるいは、若いときにした失敗を回想し、顔から火が出る恥ずかしさを感じる人も少なくないはずです。

そういうネガティブな体験や感情を「忘れ去りたい」という気持ちは当然です。周囲の人も「嫌な過去にはとらわれず、前を向いて進もう」とアドバイスするでしょう。

しかし、私はあえて「目を背けるな。逃げるな」と言いたいのです。

失敗は成長の糧です。忘れてしまえば、成長につながらないどころか、何度も同じ失敗をするリスクが残るだけです。実は、つらい、逃げたい、思い出したくないというマイナスの感情があるからこそ、「二度と同じ失敗はしない」と気持ちが引き締まるのです。

私はこの考え方を「底打ち感」と呼んでいます。

底打ち感とは、大きな失敗や、悲しい体験、つらい体験など、自分に耐えられないほどの大きなネガティブな感情から逃げずに、正面から受け止めるということです。そして、とことんその感情にどっぷり浸り切るのです。受け入れたくないありのままの現実を直視することで、問題の本質に気づき、根本的な課題を発見することができるのです。

最初は耐えがたいかもしれません。しかし、「こんな自分が本当に嫌だ！　もう二度とこんな思いはしたくない！」という心の叫びが内側からあふれ出るまで負の感情を反芻すれば、単なる「つらい、逃げ出したい」という感情が、「二度とやらないぞ！」という強い意志、自覚へと変換されます。そして、「このままの自分では嫌だ！」という強い念いが湧き出し、必ず成長するための行動へとつながっていくのです。

失敗を成功に活かす方法

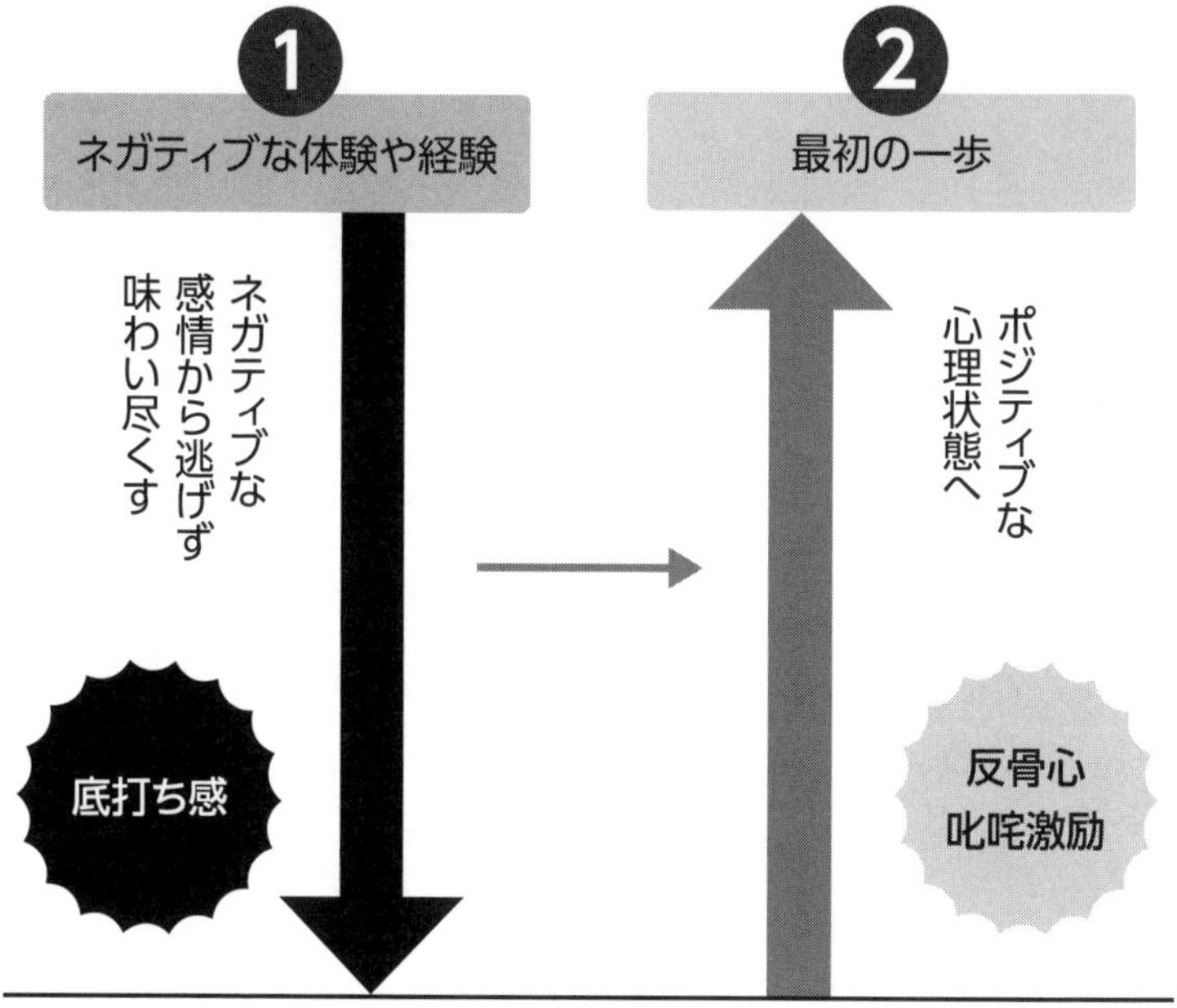

1
ネガティブな体験や経験
ネガティブな感情から逃げず味わい尽くす
底打ち感
2
最初の一歩
ポジティブな心理状態へ
反骨心
叱咤激励

「底打ち感」とは…

自分自身の存在が危ぶまれるほどのネガティブな気持ちや感情を徹底的に実感している心理状態。底打ち感を実感することができると、ネガティブな感情から一転して「反骨心を持つ」や「己を叱咤激励する」という最初の一歩を踏み出すエネルギーへと変えることができる。逆に、ネガティブ感情から逃げ回っていると、いつまでも同じ失敗のパターンを繰り返すことになる。

私自身、中学生時代に体験した父の倒産劇は、本当に思い出したくありません。父の周りに集まっていた人々が次々と、あっという間に去っていった。豪快で頼れる親分肌の父が背中を丸めて座っていた姿は、今思い出しても胸が熱くなってたまりません。

しかし、あの悲惨な現実から逃げず、むしろ直視し続けたことで「倒産なんて二度とごめんだ！」という強烈な自覚を持つに至ったからこそ、現在の進和建設の理念が生まれたのです。

失敗体験と向かい合い、底打ち感を利用して、自分が成長するバネにしましょう。

4 概念分析という思考

やったことがない新しい試みに対して、できる限りの準備をして臨むのが経営者の務めです。自分の中で明確な目標を持って、綿密に仮説を立ててください。その際、頭の中で抽象化と具体化を何度も行き来させることがポイントです。

以前に行ったスペインへの社員旅行の例を挙げましょう。

私は事前の準備として、スペインに関することを徹底的に調べ上げました。スペインの歴史や有名な観光スポットについて入念にリサーチをし、頭の中でシミュレーションをくり返したのです。その結果、スペインに行く前に、すでに私の脳内ではスペインに行ったかのような状態までつくり上げていました。実際、スペインに赴いた私は、仮説と目的意識による準備が整っていたので、多くの気づきを得ることができました。

極論すれば、スペインに行く前にもう旅行は終わっている。頭の中で完全なシミュレーションができていたからです。そして現地では、仮説とは違う部分に集中できます。

こうした取り組み前の準備で思考をくり返すことを、私は「概念分析」と呼んでいます。私の考える「概念」というのは、フワフワした抽象的なものではありません。決まっていることから仮説を立て、目的意識を持つのです。

5 物事を瞬時に判断する力

「彼を知り　己を知らば　百戦危うからず」

これは孫子の有名な言葉です。意味は「敵の力・状況を把握し、自分の力と状況を正しく知っていれば、百回戦ったとしても危なくなることはない（勝てる）」ということです。

いかに情報や判断力が勝敗を分けるかは、古代中国でも現代でも変わりはありません。事業や経営を勝負事にたとえるなら、勝てる状況を自分でつくり出し、自然な流れで勝てるように持っていくことが大切なのです。

そのためには日頃から情報収集を怠りなく、千変万化する経済状況の中で、瞬時にさまざまな判断を下さなければなりません。当然ですが、自分の中に事業や経営の軸を持たず、事前に何の準備もなしに行き当たりばったりでその判断を下していては、安定して結果を出し続けることはできません。

戦いに臨む前に常に起こりうるリスクを想定し、自分の頭で把握し、未来を確定させ続け、万全の準備をした上で勝てるタイミングを待ち、勝てる体制が整ったと判断した瞬間に、一気に勝負をかけるイメージです。

ただし、勝てるタイミングとは言っても、100%勝てる勝負などありませんから、判断の根拠となるのはあくまでも仮説に過ぎません。もちろん集められる情報はすべて集めた上で仮説を立てることが大切です。これは「概念分析」の項でも説明しました。

自分の頭だけでは経験不足だと思うのなら、遠慮なく外部の人の頭も活用させてもらえばいいのです。私も若い頃は社長としての経験が絶対的に不足していたため、すでに成功していた経営者の先輩やコンサルタントなど、多くの体験をしている人の脳力をお借りしたものです。

今でこそ、ある程度の経験を積みましたが、やり方は変わりません。さまざまな情報収集を行い続け、答えが出るまで情報収集と緻密なシミュレーションをやり続け、自分なりの見通しを立てることのくり返しです。

とはいえ、勝てるタイミングの見極めやその他の判断を瞬時に下すためには、とにかくスピードを重視した行動をする必要があります。自分自身で経験・体験の場数を踏まなければなりません。

経験不足を1日でも早く解消したいのなら、成功者に直接会ったり、本を読んで自分なりに気づいたことなどをノートにまとめることが大切です。このまとめるという仮説に沿って行動することで、体験や気づきを通して自分の考えと突き合わせ、借り物の知識ではなく、常に自分の経験や体験として血肉化するのです。

自分が下した判断が今イチで、何度も失敗を重ねるかもしれません。しかし、現状の自分の力を出し切り、考えうる最善の手を打った上での失敗であれば、堂々と次のチャンスに立ち向かっていけるはずです。

6 次元軸のイメージ

過去に自分が体験・経験してきたことは大切な財産です。しかし、経営者であれば、その財産のみをベースに物事を考えていてはいけません。

それでは限られた自分の経験からしか、物事を判断できなくなるからです。新しい挑戦や、未経験の事態には対応できなくなってしまいます。

私は自分の過去の体験・経験に基づく基準を「時間軸」だと考えます。

そしてもう一つ、あるべき未来や目標を確定させることを基準にする「次元軸」を自分の中に持ってほしいと思います。

次元軸を確立する具体的な方法を紹介しましょう。

(1)まず、実現したい未来＝未来のあるべき姿を描き、その全体像を掴み、さまざまな視野・視点・観点・粒度・見地などから緻密なシミュレーションを行い続け、あるべき未来を鮮明なイメージとして確定させる。
(2)その未来のイメージを実現させるための具体的な計画を方向性や戦略、事業計画や資金計画、組織体制まで、すべてに整合性が取れるまで緻密な計画を立てる。
(3)期日とゴールを明確にして、その計画をスピード感を持って行動・実践することで、あるべき未来の実現に何が不足しているのかという差額や課題に気づき、その差額や課題を埋め続けるために計画や行動を修正し、行動・実践し続ける。

わが社の活動の基本は、すべてこのサイクルで行われています。

次元軸の考え方のベースとなる「未来の全体のイメージを確定する」に関しては、それを描く人間が持つ「どんなことがあっても実現する」という熱量が高ければ高いほど、そのイメージは鮮明になり、実現の可能性も高まります。

3ステップ目にあたる「現状と未来のイメージを比較し、その差額に気づくことで、埋めるべき差額や解決すべき課題を明らかにして、そのギャップを埋める」という段階は、非常に重要です。

ここでのあるべき姿（ビジョン）を鮮明に確定させることや、仮説や見通しの立て方・見通しのつけ方によって、到達できる未来は大きく変わってきます。

例えば、わが社は、売上が約40億円だった2019年に、1年後の売上目標として50億円を設定していました。その延長線上には、2028年までに売上100億円を達成するという長期目標を掲げたのですが、この時点で50億円の未来ではなく、あえて100億円の未来を明確にイメージするように努めたのです。

なぜなら、40億円の地点から50億円に到達するための課題は小さな改善レベルに過ぎませんが、100億円を目指そうとすればスケールがまるで違ってきます。単純に社員数だけを考えても、倍以上は必要になるでしょう。こうした抜本的な課題解決策が求められるからこそ、あえて100億円を目指した組織や人の体質づくりを進め、その過程で50億円を達成するほうが、

時間軸と次元軸の考え方

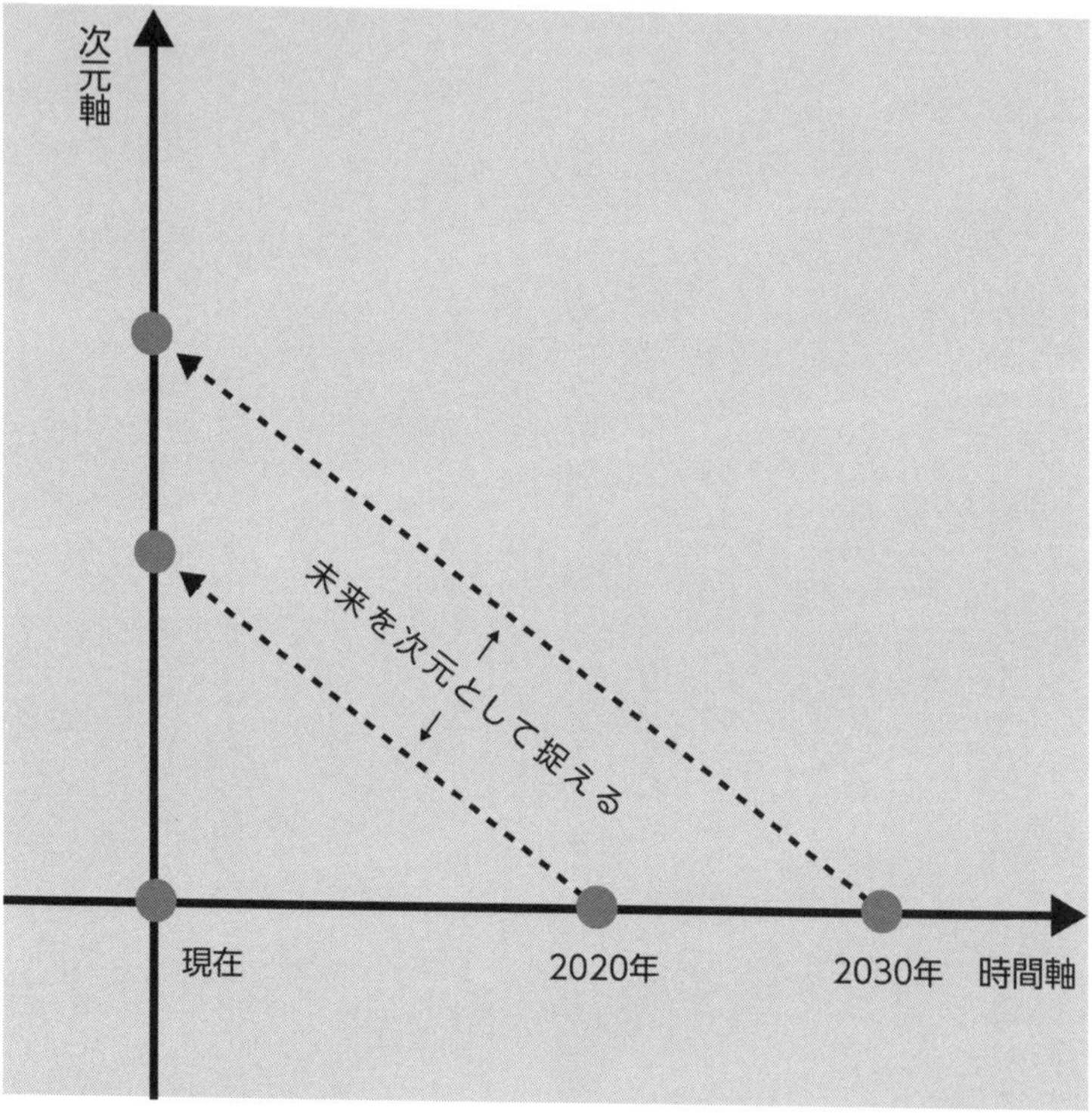
次元軸
未来を次元として捉える
現在
2020年
2030年
時間軸

未来を次元として確定して、見通しを立て続けて、見通しをつけ続けて、未来出現可能性を高める必修な「脳内データベース」を更新して、手を打つ。

目指す未来へ最短距離で近づけると考えたのです。

時間軸で考えていたら到達できない未来も、次元軸で構築すれば実現可能になるのです。

7 永続経営の考え方

「サステナブル（持続可能な）」という言葉をよく耳にします。地球の環境に過度な負担をかけず、資源を大切にし、再生可能な取り組みを多くして、この社会をずっと先の未来まで持続させていこうという考えのようです。

企業や事業もまったく同じだと思います。ただ一時の繁栄だけで、その後まもなく倒産の憂き目に遭うのでは、社会的な使命を果たせていません。

そのために、私は「永続経営」という考え方をしています。

企業という組織は刺激や変化を与え続けないと衰退すると考えています。そのため、企業として「今、自分たちに出せる力の最大値」を発揮することにチャレンジし続けることにより、社員1人1人の能力的、そして人間的な成長が促せ、会社の発展にフィードバックされると思っています。

とはいえ、ただ勢いに任せてやみくもに事業規模を拡大し、売上を伸ばし続けることが正しいとは考えていません。好況に乗って一気に従業員を増やしたものの、一転して業績が下がり、経営状態が苦しくなったため、安易に解雇などという手段で延命するのは絶対にやりたくないからです。

実際、売上は伸びているにもかかわらず、ある時期、離職する人材が増える、なかなか人が育たない、納期遅れなどのトラブルが増えるといった問題が頻発した時期があります。これらの原因は、すべて組織にありました。組織規模が拡大したにもかかわらず、その運営を従来通りの方法で行っていたために起こった問題だったのです。

核となるビジョンを掲げるとともに、人材教育を行い、仕事のやり方を定め、役割やルールを設定するなど組織体制を改めたことで、その問題は収まっていきました。

私は、経営状態が上向きの時期に一定レベルまで売上規模を拡大させたら、今度はあえて売上を拡大させない時期をつくることが大切だと考えています。

これを「踊り場の時期」と呼び、拡大した規模にふさわしい組織体制が整備できているかどうかや、従業員1人1人のスキルや人間性が事業規模に応じて成長できているかをチェックする期間と位置づけています。

具体的には、成長の時期が2～3年続いたら踊り場の時期を1～2年設け、組織や仕組みの調整を行ったり、人材の成長を待つ期間に充てています。

企業永続の概念

私の考えには、企業は放っておくと「衰退する」という概念がある。

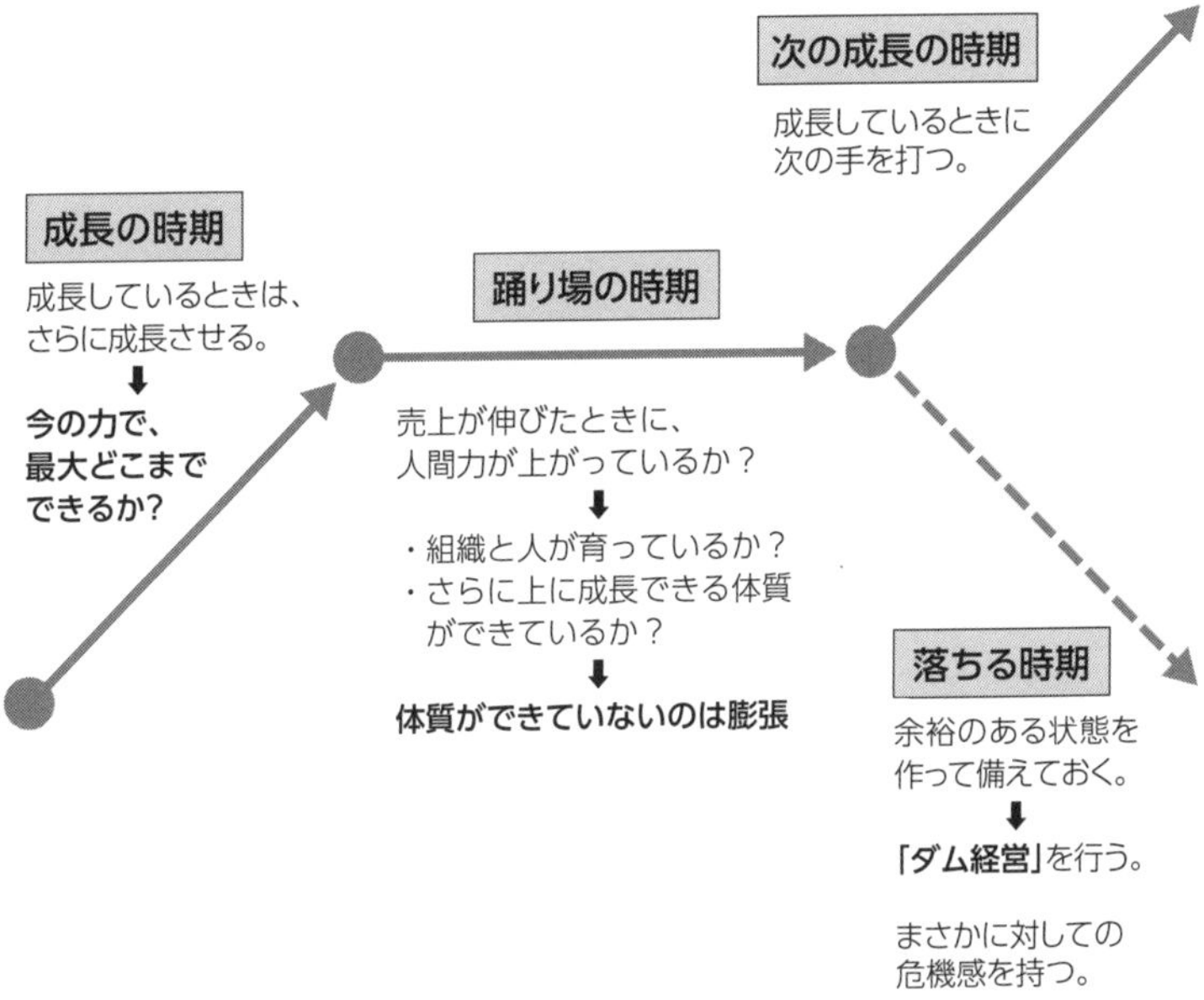

次の成長の時期
成長しているときに
次の手を打つ。
成長の時期
成長しているときは、
さらに成長させる。
今の力で、
最大どこまで
できるか?
踊り場の時期
売上が伸びたときに、
人間力が上がっているか？
・組織と人が育っているか？
・さらに上に成長できる体質ができているか？
体質ができていないのは膨張
落ちる時期
余裕のある状態を
作って備えておく。
「ダム経営」を行う。
まさかに対しての
危機感を持つ。

ポイントは、さらに事業規模が拡大しても対応できるだけの余裕のある状態をつくり、無理な拡大、いわゆる膨張を避けることにあります。

そしてもう一つ、万が一業績が下向いた場合にも安定した経営を行えるよう、原価を下げて利益率を高め、強い経営体質をつくっているのです。

こうして段階的な拡大を図ることで、必要とされる価値を永続的に世の中に送り続けることができる企業へと近づいていこうとしています。

8 土俵の真ん中で相撲を取る

仕事は受け身で取り組んでいたら、成長もないし、大きな成果を上げることはできません。相撲にたとえるなら、対戦相手のペースで体を掴まれ、土俵際に追い込まれてしまっては、勝ちようがないのと一緒です。

やはり、経営者であれば、自らが積極的に前に出て主導権を握り、自分のペースで物事を進められる状況をつくらなければなりません。このシチュエーションを私は「土俵の真ん中で相撲を取る」と表現しています。経営で成功するためには、常にこの状態を保っておく必要があるでしょう。

これは言い換えると、「冷静で的確な判断をするため、常に余裕のある状態を保つこと」でもあります。

例えば、仕事において解決していくべき問題や課題が、遠くから徐々に自分のところに迫ってくる様子を想像してください。この場合、もはや自分が目の前の問題に直面しなければならない状態では、慌てて〝処理〟をするしか方法がなく、常に土俵際に追い込まれた状態で勝負をしないといけません。

さらに処理しても処理しても、次から次へと問題や課題は迫ってくるので、より良い結果を手にするための創意工夫をする余裕もなく、いつまでたっても周囲の現象に振り回され続け、自ら主導権を握ることなど、考えられる状態にはないでしょう。

しかし、目の前に問題が来る前に、将来起こるであろう問題や課題を把握していれば、「今何をすべきか、今一番大切なことは何なのか」が鮮明になっているので、常に余裕を持って問題や課題に対応することができます。

そのためにも、まず最初に、物事の全体像を捉え、未来を見据えて、全体と未来の姿を鮮明に確定させた上で、先手先手で課題に向き合うことが大事です。そうすれば、あなたは常に土俵の真ん中で相撲を取ることができるはずです。

9 会社運営の全体から考える

経営理念、フィロソフィーなど、さまざまな軸を持つ私ですが、ブレない経営を手がける大事なポイントは、頭の中に会社運営において押さえるべき「全体像」を入れていることです。次ページにあるのは、私が考えている全体像の「会社運営で押さえるべきポイント」について表した図です。

基本的に5層の円によって成り立っています。一番外側にあるのが理念やビジョンなど、わが社の運営において軸となる、大切な考え方です。

その内側の層には、事業を動かしていくシステムや枠組み的な部分が位置しています。わが社では、このビジネスの仕組みを丹念につくり込むことによって、革新的な事業や商品、技術を生み出し、利益を生み出し続ける事業活動ができると考えています。

さらにその内側は、枠組みを回していくための人や組織づくりに関わる項目で、私は「整える領域」と呼んでいます。この領域を整えることにより、人材採用と社員教育が連動し、強い組織として機能していきます。

その内側にある2層が、日々行っている実務の部分のつながりであり、最も中心部にあるの

進和グループにおける会社運営の全体図

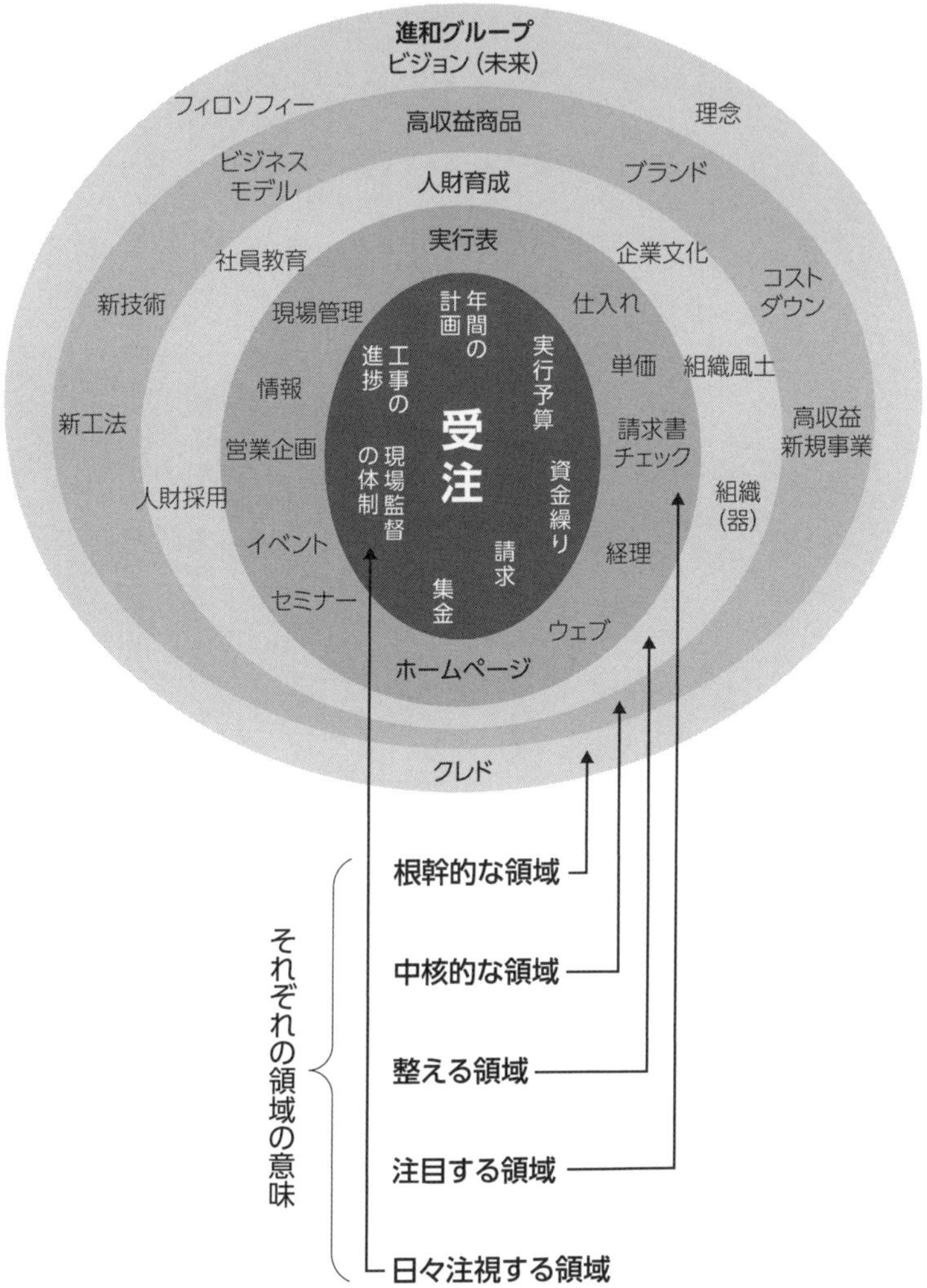

進和グループ
ビジョン（未来）
フィロソフィー
理念
高収益商品
ビジネスモデル
ブランド
人財育成
実行表
社員教育
企業文化
コストダウン
新技術
現場管理
仕入れ
年間の計画
工事の進捗
実行予算
単価
組織風土
情報
新工法
受注
請求書チェック
高収益新規事業
営業企画
現場監督の体制
資金繰り
組織（器）
人財採用
イベント
請求
経理
セミナー
集金
ウェブ
ホームページ
クレド
根幹的な領域
中核的な領域
整える領域
注目する領域
日々注視する領域
それぞれの領域の意味

が、わが社の運営における生命線であり、核となる領域です。

この図を見ていただいてわかるように、会社運営は実にさまざまな要素から成り立っています。つまり、それぞれは独立した項目ではなく相互に関連し合っているので、全体像を捉えることを意識していなければ、問題に対する認識の仕方や捉え方がブレてしまい、その本質が掴めずに根本的な解決にたどり着けないのだと思います。

例えば「人財採用」だけに力を入れていても、「社員教育」の仕組みが整っていなければ、入社後の成長・発展が頭打ちになってしまいます。

経営者の仕事は、常にこの全体像をイメージしながら経営判断を行っていくことです。

終章

私が考える社長の人格

時間やお金は「生命」だと思って使え

会社は社長の人格によって大きな影響を受けます。

だからこそ、経営者であれば、あらゆる角度から人格を問われると考えていてください。経営手法や知識、実績だけでは、まだ一流の経営者にはなれません。

では、どんな面から、人格が見られるのでしょうか？

まずは、時間とお金の使い方になるでしょう。成功する人は、時間やお金の使い方がとても上手なのです。

なぜなら、時間は、その人の生命そのものです。私たちは限りある時間を〝生命〟として与えられています。時間を使うことは、まさに生命を使うのと同義です。そして、ある程度のお金がなければ、自分の時間を自由には使えません。

その意味では、経営者の時間の使い方には、人格が表れています。

私は大きく3つの要素に時間を使っています。

まずは「自分の役割や責任」にキッチリ使う。そして、誰かのために使う。それから、自分らしさに時間を使うということです。

社会に出たら、自分の役割や責任に対して時間を割くのは当然でしょう。私で言えば、社長というのは役割です。自分の人生の中で、社長の仕事という役割を果たす。それは、仕事を通じて自分が成長する時間になります。

「自分を成長させることが人生だ」と思わなければ、何のために仕事をしているかがわかりません。仕事に思い切り打ち込んでいけば、人生は豊かになっていくはずです。

それから、他人のために時間とお金を使います。

特にお金は世のため、人のために使って初めて自分に返ってくるものだと思っています。経営とはそういうものだと信じています。

お金儲けだけで商売をしたらうまくいかない。お金は生命とはいえ、時間に比べたらあくまでも道具です。自分の目的のためにお金が必要なのであって、お金があるだけで人生が豊かになるとは思いません。

お客様に喜んでもらって、会社の業績が上がって、社員の給料が上がれば一番いい状態ではないでしょうか？　全員が喜んでこそ、お金に意味があるのです。

その上で、自分らしさを磨くのです。

私は、お金と時間で自分の価値を上げることができると考えています。

いわゆる「自分へのご褒美」が私は大好きです。高級時計を買ったり、北新地で豪遊したり、温泉旅行に行ったり、ゴルフをしたりするのです。頑張ったのなら、お金を使うことで自分らしく幸せになればいいと思っています。

私は若いときに、「人に会え、本を読め、旅に出ろ」と言われました。そのアドバイスに従って、自分らしさを磨いてきました。しかし、これはお金だけではなく、時間がなければできないことです。つまり、自分らしさを磨くために使う時間もつくらなければいけないということです。

自分の時間を犠牲にしている経営者がいます。もちろん、自分の会社の経営のために時間を使うことは大事ですが、自分らしく生きるためにもその時間を使わないと、どこかで行き詰まってしまいます。

自分の人生の時間割のバランスを考えてみてください。これは経営者に限らないけれど、人生は仕事だけをして終わりでは寂しいと思います。

まず自分の人生があり、その中に家庭があって、仕事もあるというものでしょう。いろいろな人に会うことも大事だし、趣味・嗜好も、健康も、自己啓発も、家族とのコミュニケーションもすべて大事なのです。そこに気づかないといけません。

私は自分の人生の時間配分をしてきました。自分の時間はどれだけ、仕事の時間はどれだけと全部決めています。お金も、25歳までに1000万円、30歳までに1億円貯めました。これからは年間1000万あれば生活はできるので、逆算して2億あればいけるなという計算ができています。そうやって自分で決めておかないと、ダラッと人生は過ぎ去ってしまいます。お金も時間も、必要なときに必要なだけ使える人生を組み立てましょう。

人脈をつくるなら成功者とつながれ

私はよく「人生は運×徳×人脈」と言っています。

とにかく経営者にとっては、人脈がすごく重要になります。それも、価値のある人脈をつくらないといけません。悪い人脈をつくってしまったら、会社は終わってしまいます。

世の中にはだまされる経営者が多くいます。あえて言えば、自分の人格に良くない部分があるため、食い物にしようという連中が集まってくるケースも少なくありません。

私は20代後半に教わった「すごい人に会え」という言葉がずっと頭に入っています。

「すごい人」とはどんな人かと言えば、大金持ち、心が豊かな人、大きなことを成し遂げた人、成功している人などでしょう。そういうすごい人に会えば、そのすごい感覚が身につくからと言われました。

つまり、成功者の見方、考え方を学ぶということです。

だから、なるべくレベルの高い人、私より成功し、お金があり、心が豊かな人や、人のために頑張っている人などと関係性をつくろうと心がけてきました。

しかし、人間関係は双方向でなければ成立しません。なので、同時に自分磨きにも注力することになります。相手がすごいからと、ただついていけばいいわけではありません。人脈をつくるための機会は持てたとしても、私と関係を続けるかどうかは相手が決めることです。

そのためには、自分が相手の役に立つ人間か、相手に私と会うメリットがあるか、どちらかしかありません。

自分のレベルが高くなければ、レベルの高い人は相手にしてくれないのです。そのために、私は絶えず前を向き、挑戦し、変化を怠らず、自分を高めようとしています。

人脈づくりはコミュニケーションのテクニックではなく、自分自身のスキルとマインドで決まります。要するに人格を問われるのです。サラリーマンは、自分の持っているスキルを仕事に使うでしょう。私は、スキルやマインドを自分の魅力を上げるために使っています。

今の私は、社長の名刺を持って人に会いに行きます。社長は会社の代表だから、外の人が見て「この程度の人だ」と思われたら終わりです。私が進和建設のブランドなのです。

その結果として、レベルの高い人との関係を多く築くことができました。

そういう人たちと関わっているうちに、今の自分より上のレベルで、考え方やモノの見方が身についてきます。同じニュースを見ても「この人はこういう角度で考えているんだな」とか、見えてくるものがあるのです。

仕事は大きくなればなるほど、自分の力だけではうまくいきません。自分自身が魅力的な人間になって、いろいろな人が応援したくなるような存在になれば、1人ではとても手がけられない大きな仕事を達成できるのです。

今でも私はお金の使い方、能力やスキル、人間力も含めたすごい人に会える機会をつくる努力を欠かしません。どんな人とつき合うかは、経営者としての人格形成に一番大事かもしれません。

脳をポジティブにだませ

社長とはいえ、人間であるので感情が揺れ動くのは当然です。不安で心が休まらない日だってあるでしょう。

しかし、その状態を続けるのは経営に響きます。自分の心身も壊してしまいます。

また、自分がマイナス思考に陥っているときは、同じようにネガティブな人が集まってしまいます。周囲をそういう人々に囲まれていると、負のサイクルが発生します。

なので、私は絶えず前向きに「チャレンジだ」「変化だ」というポジティブな姿を自分で演出しています。そうすることで自分の脳をだますのです。

自分をコントロールする一番いい方法は、「自分は幸せだ」と思うことです。

私だって、いきなり4億円以上の損失を突きつけられる場面になれば、マイナス思考に流れかけるのは否定しません。

でも、すぐに立ち直ろうと脳にプラスの言葉を送り続けるのです。コロナ禍で、もし飲食店を経営している立場だったら、どうだっただろうか。そう考えれば、4億円以上が返ってこなくても、まだ会社が潰れない私は幸せなんだなと気持ちを切り替えます。

脳の中で副交感神経を優位にしなければなりません。

自律神経には「交感神経」と「副交感神経」の2種類があります。

簡単に言うと、私たちが日常生活でアクティブに活動しているときには交感神経が働いていています。反対に休息したり、リラックスしたり、眠っているときには副交感神経が働いてくれるのです。

でも、常にストレスにさらされ、休むことなく神経を高ぶらせていると、交感神経が酷使されてしまいます。四六時中、仕事ばかりやっている人は、最後には脳がSOSを出してきます。

その警告を無視していると心身が破壊されてしまいます。

私は北新地などにおいて通算で5億円ほど使っていますが、正しい判断だったと信じています。飲み屋に行って楽しくしゃべって、帰ってきたらグッスリと眠る。あの気晴らしの日々があったからこそ、私の精神状態は保てたのです。浮世の憂さを忘れて、脳をだますという理屈に合っています。

ただ飲んで遊んでいたのとは違うのです。私は副交感神経を優位にして、交感神経を休ませるためのお金の使い方をしたのです。

オフィスや家でウジウジと悩んでいるだけでは気分は晴れません。不安が増すだけです。楽しいことがなければ、楽しいことをつくればいい。そうやって、絶えず自分の心を客観視できる人間は、いい経営者になっていくと思います。

自分をコントロールして人を幸せにする。そのためには、まず自分の脳をだますのです。

今でも何かあると、私は鏡を見ながら「自分は幸せだ」と何回も口にします。そして、今ある問題を全力で解決することが「私にはできる」とずっと言い続けています。

また、私はつらいことや困難なこと、問題があるときほど、①楽しいことをする、②新しいことをする、③自分にご褒美をやることにより、前向きに事業や経営に取り組んでいます。

自分に都合のいいように生きるな

人格を磨きたいなら、自分に都合のいい生き方はやめましょう。

自分がしたことは、絶対に形を変えて自分に返ってきます。自分だけの都合は、誰かを傷つけたり、幸せを損なわせているかもしれません。

経営者であれば、絶えず他人の幸せを考えているほうがいい。社員の幸せ、取引業者の幸せ。そういうことだけを考えている心になれれば、自分も報われるはずです。

実際、私はつらいことがあった後は、必ず幸せになっています。その代わり、苦しいときにちゃんと真面目に取り組んできました。見ている人はいるのです。自分の都合のいいことだけやっていたら、都合のいい程度のものしか返ってこないでしょう。

人間だから、どうしても損得で考えてしまいがちだけれど、人生の主役である自分の生き方がブレたらいけません。

幸せというのは、人が喜んでくれたりすることでこちらが得られるもの、感じるものと心得ていてください。

成功は他人が判断することですが、幸せというのは自分が感じ、自分自身で得られるものだと思っています。だから私は、マンションを安くできて嬉しい、お客様が喜んでくれて嬉しい、社員が幸せになってくれて嬉しいという気持ちでずっと仕事をしています。

幸せとは、人が喜ぶ姿を見て自分が感じられるものなのです。なかなかそういう実感を得られない人は、対価を払って、安易に幸せになろうとしてしまいます。それは寂しいし、貧しい生き方です。

わが社が開発したローコストマンションに対して、原価はいくらかと聞いてくる人が絶えません。そうやって自分の都合で生きていても仕方がありません。経費を下げ、コストパフォーマンスを上げることはもちろん大事だけど、内輪の問題です。むしろ、何のために安くするのかというところからものを考えたほうが、幸せに近づくと私は思います。

私は家賃を下げたかったし、デザインのいい建物をつくりたかった。それによってお客様の資産価値を上げたかった。そういう気持ちが原点にあったから、ローコストマンションをつくったのです。

私は、「建物づくりは人づくり」と言っています。建物が良くなればお客様との関係性も良くなり、職人さんにもいろいろな技術を教えているから技術が良くなり、社員も良くなっていくわけです。建物を良くすることで街も地域もお客様も社員も全部良くなっていく。それが「建物づくりは人づくり」という意味です。

会社は、社員が幸せになることを考える。そして世の中で困っていることを解決する。これらを達成するには、自分の都合だけで取り組んでも無理です。

覚悟を決めれば何でも受け入れられる

経営者というのは大変です。

会社に何かあれば、責任を取らないといけない立場です。

よく「人生には〝まさかの坂〟がある」と言われるでしょう。自分のことを振り返ってみると、その通りだと思います。目の前に〝まさかの坂〟が何度も現れました。しかし、その坂を上りきった後のほうが成功していると思います。

だから、私は「つらいことは試験問題だ」と考えています。

何か自分の念いがあるから経営したいと思うわけで、それがいつの間にか資金繰りに追われたり、赤字対策ばかり考えているのは、不幸なことでしょう。でも、視点を変えれば、これからどうしようと解決策を考えることは、確実に自分の成長につながるでしょう。

そういう前向きな努力を放棄して、思考停止してしまって、不幸を他人のせいにする人もいる。それでは発展性がありません。

会社を経営していれば、トラブルをゼロにすることは困難です。必ず何かしらの問題は発生するでしょう。

四の五の言わず、自分で決めて責任を取るしかありません。

むしろ、やる前から自分が責任を取ると決めていれば、社員が間違っても平気になるものです。最後はすべて社長の責任です。それさえ思っていれば、いちいち誰が悪いと考える必要がないから楽でしょう。ネガティブになったら、絶対にうまくいきません。

トラブルは引き受け、会社を良くして、社員を幸せにしないといけないと思っていれば、ポジティブになります。そのためにこれだけの売上と利益が必要だと考える。そうやって取り組んでいると、だんだん思い通りになっていくものです。

経営は不思議です。

理屈だけではないのです。

自分が絶えず前向きに人のため、世の中のために頑張って、誰にも負けないくらい努力して、自分も幸せになろうと思っていたら、案外うまくいくのです。

あとがき

人生は運と徳と人脈で決まる――。

それらを磨き、価値のある人生を送るためのノウハウを本書では紹介してきました。ただ、かくいう私自身が「まだまだだな」と思うことも多々あります。現在でも、悪いことが続けば心が苦しくてたまりません。もっと成長しなければいけないと思っています。過去の失敗に至っては本書には書き切れません。

最後に、私が人脈で苦労した話をいくつか紹介しましょう。

上場企業の専務を信用して、とんでもない目に遭わされたことがあります。Kさんという人です。

彼の勤務先の不動産会社が倒産してしまうので、民事再生のスポンサーになってほしいと依頼されたのです。Kさんは、その会社の担当者でした。

知人からの紹介もあり、私はどんなサポートができるかを考えました。出した結論は、その会社の残土地をわが社が購入し、住宅を建設するという形の支援です。大阪市北東エリアの土地は1棟建てて売れました。

北部エリアの土地は高級住宅地だったため、造成地として売りに出しました。ところが、Kさんがその造成地に販売旗を揚げてしまいました。つまり、建物が建つ前に売却する「青田売り」です。

しかし、まだ建築確認申請もしていません。これでは宅地造成等規制法違反をしていることになります。

結果は最悪です。私の「宅地建物取引士」の免許が停止されてしまったのです。

私としては人助けのつもりで協力したのに、恩を仇で返された気分でした。

人間関係は平時であれば、円滑に気持ちよくおつき合いできるのは当たり前です。しかし、非常時になると態度を変え、こちらの損害などお構いなしという相手もいます。

鋼材卸会社Mは、銀行からの紹介で取引していました。2年ほどのつき合いの中で、群を抜いて業績の良い施工会社でした。

そこで、リーマン・ショックの影響で、資材の価格が高騰し、品薄になったときに頼ったのがM社です。とにかく資材を先に確保して預かってもらうことにしました。

ところが、現場監督が「この材料はありますか?」と確認のために倉庫へ行こうとした際も、品質番号が記載されたシートを取りに行こうとした際も、理由にならない理由をつけられて断られ、おかしいなと思いはじめました。

そんなある日、M社が民事再生の手続きに入ったと知り、急いで倉庫に向かいましたが、すでに空っぽです。

わが社が預けた資材を勝手に売却されていました。

その損害ももちろんですが、品薄の市場から資材をまた調達するのに苦労したのは忘れられません。


このようなトラブルは、枚挙にいとまがありません。

本書を執筆する最中も「4億7000万円の未払い」を食らったばかりです。久々に眠れなくなってしまいました。この程度で寝られなくなるということは、まだ修行が足りないんだと思っています。

自分の心を支配していかないといけないと言いましたが、やはり難しい。

だから、もっと自分の容量を広げる必要があります。こうやって問題を数多く経験していけば、年輪のように幹は太くなっていくでしょう。

社員の失敗でも責任を取るのが、社長の仕事です。

4億7000万円の損失は、私自身は何もしていないし、直前まで知りませんでした。最後の最後の段階で「4億7000万円、もらえません」と報告されただけ……。

それでも私の責任なのです。

受け入れなければいけません。普通のサラリーマンであれば、「何やってるんだ！」と怒られれば終わりますが、私は怒鳴っても何も変わらない。むしろ、そこからが私の仕事のスタートなんです。


それでも、社長になって良かったと思っています。

サラリーマンになっていたら、もっと人生を小さく送っていたはずです。たしかに、こんなスケールの苦労はないけれど、こんなにたくさんの素晴らしい人にも会えていない。私は日本全国で講演させてもらったり、外国にも行ったり、お金もいっぱいあるし、家族も元気だし、すべてひっくるめて良い人生です。

私は絶えず夢や挑戦を続けて人生を送っていきたい。

私の強みは、〝ボンボン〟と〝貧乏〟の両方を経験していることです。

父親の事業が軌道に乗っていた小学生時代は何一つ不自由のない生活をさせてもらっていました。家庭教師がいて、お手伝いさんがいて、さらにはお抱えの運転手までいたのです。そんな夢のような毎日から、中学生になったときにどん底に突き落とされました。

世の中の上と下を見たことで強くなったんだなと、今振り返ると思えます。子どもの頃、お金があって楽しい経験をいっぱいして、倒産したら一転、貧乏になってつらいことばかりになりました。

でも、そのときにまわりにいた人たちがだいぶ助けてくれて、感謝の気持ちもたくさんあります。

だから、何かあっても少し余裕があるのかもしれません。いわゆる成金になってしまう人は、お金がない経験しかしていないから、お金のために頑張ろうと必死になるでしょう。私は違うんです。

「会社を潰してはいけない」とか「社員を幸せにする責務がある」という気持ちは、自分も幸せだから本気でそう思えます。思考のスタート地点がそういう考えから始まるのです。でも、お金のない人は「お金が欲しい」からスイッチを入れてしまいます。

残念ながら、そういう友達もいます。忘年会で会ったとき、お互いに60歳を過ぎたあたりで「西田はいいなぁ」と言われました。「社長だから、もう一生食えるんだろ」とうらやましがるのです。

私と同じ年齢であれば、同じだけ考える時間も機会もあったはずなのに、そんな安易な結論に至ってしまう。

そういう人は、この年齢になると申し訳ない言い方だけれど、病院とアルバイトの行き帰りだけで、他に何もない毎日を送っています。

人生はステージの問題かもしれません。会社を経営するのはステージが大きいからさまざまな体験ができるけど、その分、多くの問題も出てきます。

今の4億7000万円のトラブルも、10年経ったらきっと笑い話にしてみせます。

最終的には仕事は手段、利益が目的です。

利益といっても目に見えないものがいっぱいあるのです。

仕事を頑張ったことを評価されるのは素晴らしい。

でも、私は自分が成長したなと感じられるほうが、ずっと嬉しい。

仕事で西田社長としていろいろな経験をさせてもらって、その上、西田芳明個人が成長する。

一度、自分の身についたものは絶対に離れないのですから、次はさらに大きな挑戦ができるでしょう。

若き経営者の皆さん、とにかく社長は絶対にいいよ！

最高のステージで自分を成長させて、豊かな人生を送ってください。

2021年11月

進和建設工業株式会社　代表取締役

西田芳明

著者略歴

西田芳明　にしだよしあき

進和建設工業株式会社 代表取締役

1951年大阪府堺市生まれ。1987年4月に2代目進和建設工業代表取締役に就任。

「地域密着」で建設事業と資産コンサルティング事業を展開し、これまでに850棟以上の賃貸マンションなどを建築。現在でも入居率95%以上を維持するとともに、さらなるマンションの開発、技術の向上、低コスト化などにも力を注いでいる。

その一方で、自らの使命は「人づくり」にあると感得。経営理念を見直すなど、社員の価値観を高める教育にも積極的に取り組み、世の中に役立つ人づくりを目指している。さらに、その熱い念いは社内だけに留まらず、業界はもちろん、就活学生といった外部の人々を対象にするものへと進化している。

そして現在は、55期での引退を宣言し、事業承継を含む会社の未来に向けた活動に全力で取り組んでいる。

著書に、『トップは志《ひと》をつくりなさい』『頭が勝手に動き出す思考法』(現代書林)、『行列ができるマンション経営』(しののめ出版)、『土地活用の成功学』(クロスメディア・パブリッシング)、『中堅建設会社が実践する「家計簿経営」』(プレジデント社)、『真の富裕層になるための3つの鍵』(麻布書院)などがある。

社長《しゃちょう》の最後《さいご》の仕事《しごと》 100年続《ねんつづ》く承継《しょうけい》と継承《けいしょう》

2021年12月28日 初版第1刷

著 者――――――西田芳明《にしだよしあき》
発行者――――――松島一樹
発行所――――――現代書林
〒162-0053 東京都新宿区原町3-61 桂ビル
TEL／代表 03(3205)8384
振替00140-7-42905
http://www.gendaishorin.co.jp/

ブックデザイン――――吉崎広明（ベルソグラフィック）
図 版――――――株式会社ウエイド／進和建設工業提供

印刷・製本 ㈱シナノパブリッシングプレス
乱丁・落丁本はお取り替えいたします。
定価はカバーに表示してあります。

ISBN978-4-7745-1927-2 C0034